MINOGE Nº146

Cover PHOTO:
YOSUKE KOMATSU

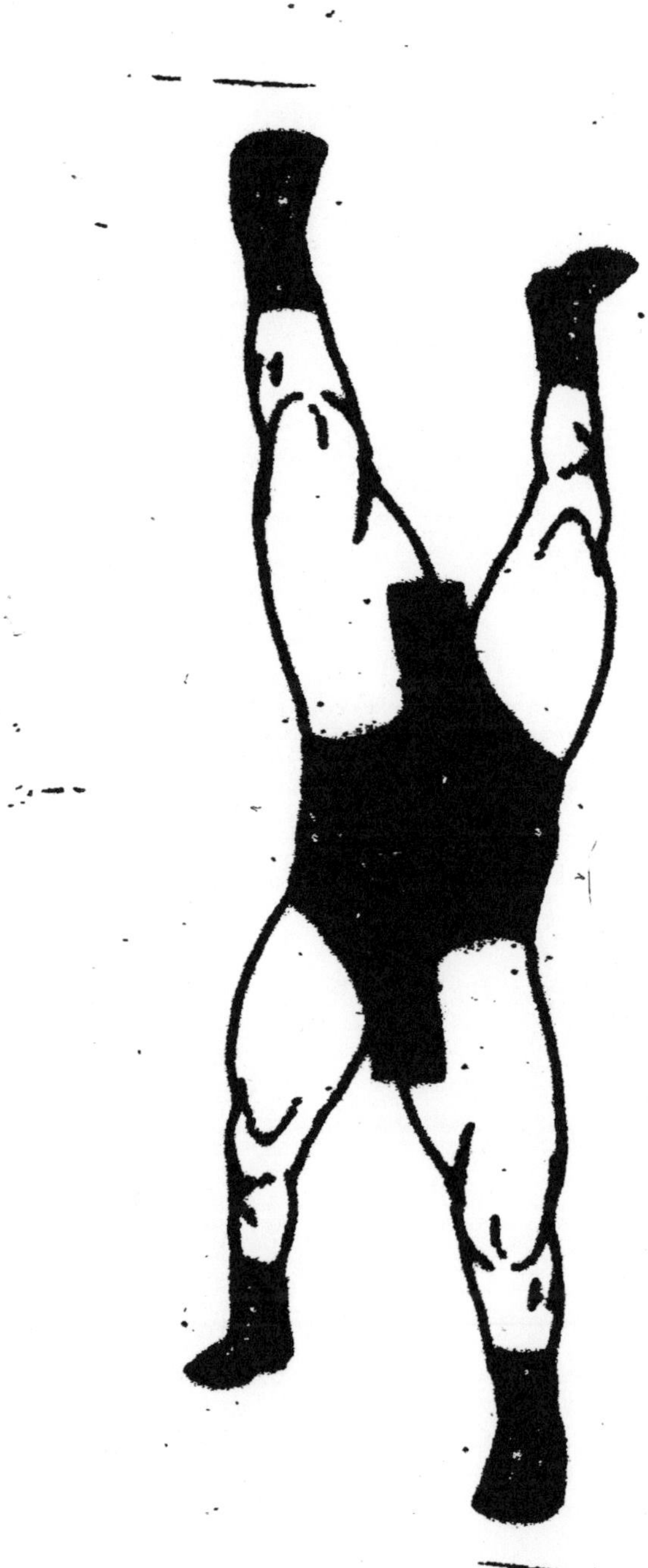

PETIT KASHIMA

俺の人生にも、一度くらい幸せなコラムがあってもいい。

VOL.145

「プロレス警察」について

プチ鹿島

プチ鹿島（ぷち・かしま）1970年5月23日生まれ。芸人。『教養としてのアントニオ猪木』（双葉社）好評発売中です。よろしくお願いいたします。

いつ頃からか、「プロレス警察」という言葉がある。プロレスを八百長とか茶番とか軽く扱う言説に対し、それは違うと反応して怒る人というニュアンスだろうか。ここでいう警察には冷笑も込められている気がする。「ああ、まためんどくさい奴が来た、必死だなぁおい」みたいな。

しかし自分が好きなものがないがしろにされ、偏見に基づいた軽い扱いをされているなら憤りを感じるのは当たり前のことだ。『KAMINOGE』読者なら131号での長州力インタビューを憶えているだろう。「猪木は死んだが、あの人への想いと記憶だけは生かさせてくれ」という表紙の号だ。長州インタビューのタイトルは『人生を〝マッチメイク〟する。その概念をアントニオ猪木から学んだ』。

ぜひ再読してほしいのだが、とくに政治家への言葉が強烈だった。

《よく政治家がプロレスを引き合いにして、「プロレスみたいな八百長をやっているんじゃない」「まるでプロレスみたいじゃないか」って言うだろ。》

《「プロレスと同じじゃないか!」って何が同じなんだって。そういうふざけたことを言う政治家、おまえらは真剣に人生をマッチメイクしたことがあるのかって。俺たちは真剣にマッチメイクをやっていたんだよ。それを「どうせプロレス」って片づけられたくない。そこだけは言っておかないと。》

ああ、長州さん最高だ。私たちが見てきたものは決しておかしなものではないのである。それにしても「プロレス」という言葉の使い方について政治家が間違えるというのが度々ある。最近だと立憲民主党の塩村あやか議員が「プロレス芸」とツイートして炎上した。もう概略は省くがあのツイートはプロレスファンからは不快なものだった。同じ政治家では自民党の萩生田光一氏も以前に国会の茶番のことを「田舎のプロレス」と言っていた。こっちも酷いと思ったが塩村氏ほどの批判は当時は無かった。たぶん今回はプロレス以外で塩村氏に絡んでいる人たちが事態をここぞとばかりに大きくしたのだろう。

さらに今回びっくりしたのは新日本プロレスとスターダムがX（旧ツイッター）で塩村氏に意見書を送ったと声明を出したことだ。だったら今まで政治家のプロレス軽視発言をスルーしていた理由とは何だったのか？　与党だと見て見ぬふりなのか？　炎上しているからイケると思って今回はオラオラしてしまったのか？　でも急にそれってなんかカッコ悪くない？　オーナーの木谷氏のプロレスセンスの無さが原因なのか？　などさまざま考えた。あの新日本プロレスの表明は悪手であり、対世間で言えばかなりのイメージダウンを喫した。

その前提の上で書くが、SNS地獄はそのあとも続いた。今度は新日本プロレスのアカウントに対して罵倒する人が急増したのだ。八百長だのと蔑視する言葉も平気で使っていた。それらの中にはリベラル系というのだろうか、ふだんは「人権を大事に」とか「社会正義」とか訴えている人も少なくなく、私はドン引きした。いったん党派性がからんでしまうと罵倒もオーケーらしいのだ。汚い言葉を使ってそこまで相手を誹謗していいのか。これを見て傷つくプロレスファンの気持ちはどうでもいいのかと愕然とした。保守だろうがリベラルだろうが右派だろうが左派だろうが、過激にわめいて相手を攻撃するのは同じ穴のムジナである。いろいろ見えてしまうSNSなのだった。

さてここまで書いてきたが、私はひっくり返して言おう。こんなことを言いたくないと思う自分もいるのである。SNSでいちいち声高らかにプロレスの素晴らしさを世の中に説教するというのは、見ていて「どうなのか？」と思ってしまう自分もいるのだ。

だって思い返してみれば、私は子どもの頃からプロレスの怪しさ、妖しさ、うさん臭さにも魅入られていたからだ。いや、むしろそういったものをこっそり夢中で見るという感覚にこそ快感を覚えていた。でも多くの大人たちがプロレスに対してスポーツじゃないとか「正論」を吐く。それに対しては反発を覚えていた。矛盾である。矛盾を抱えながら生きていたのである。しかしどうだろうか、現在はプロレスは素晴らしいものだという「正義の論説」（正論）をプロレスファンが世間に諭している。この逆転現象に少し照れを感じてしまうのだ。正直に言うとある種の居心地の悪さもある。この複雑な感情をどうすればいいのか。

何度も言うが、自分の好きなものが小馬鹿にされているなら憤りを感じるのは当たり前だ。「プロレス警察」に含まれる多くの冷笑に応答するのも大事だと思う。でも、プロレスを楽しむ「いい塩梅」の適当さも保ち続けたいのである。たとえば本誌前号での馳浩の扱いや、塩村あやか氏を引っ張り出したのはいい塩梅だった。声高らかにしてない感じがちょうど良い加減だった。思い出した、これからも矛盾を抱えながら生きていこうと思った。最後に書くと「プロレス警察」の反対は何だろうと考えていたら「映画泥棒」が浮かんだ。やっぱり違いますね。適当な塩梅で終わります。

やりたくないことはやらない！
行きたくないとこには行かない！
ただお祭りがやりたいだけ！

KAMINOGE
HEY! WONDER

[ザ・クロマニヨンズ]

甲本ヒロト

収録日：2023年11月30日
撮影：小松陽祐
聞き手：井上崇宏

「成功っていう言葉があるけど
ボクは10代の頃から成功してた。
自己満足以外の満足はないんだから、
自分がいいと思えばいい。
そんな若気の至りがいまだにあるんだよ」

「『ロッキング・オン』から言わせると『KAMINOGE』は音楽の話ができない媒体だと思われてるんだな」

——例年のことではありますが、今日も365日の中の貴重な1時間を頂戴できたらと思います。

ヒロト　なんかもう1年に1回って、プロモーション的なタイミングでしか登場していないってことがバレてない？　ボクが出るということは、そろそろニューアルバムが出るんだなというふうに捉えられていないかなって（笑）。

——ヒロトさん、根本の考え方が間違ってます。「あー、そろそろアルバムが出るんだな」とわかってもらうことがプロモーションをやる意味ですから、それでいいんです！（笑）。

ヒロト　でしたね。はい。もうね、『KAMINOGE』ではプリテンドは通用しないっていうか、カッコつけてもしょうがない舞台なんで、なんでも聞いてください（笑）。

——そういえば、兵庫慎司さんという音楽ライターの方がいらっしゃいますよね。『KAMINOGE』でもコラムを書いていただいていて、その兵庫さんからよく言われるのは「『KAMINOGE』の甲本ヒロトインタビューはズルい。音楽のことを詰めて話さなくていいんだから」と。

ヒロト　いやいや、だったら兵庫くんも音楽の話をしてこなきゃいいんですよ（笑）。

——いや、ヒロトさん、違うんですよ。そう言われてボクは誤解が生じているなと思ったんですけど、ボクはいつも音楽の話しかしていないつもりなんですよ（笑）。

ヒロト　アハハハハ。なるほど（笑）。でも兵庫くんの目には、音楽とは関係のない話に見えると。

——でも、ボクの頭の中では常に音楽が鳴りっぱなしなので「あれ？」ってなったんですけど（笑）。

ヒロト　そうか。『ロッキング・オン』から言わせると、『KAMINOGE』は音楽の話ができない媒体だと思われてるんだな。音楽の話はできなくても、いい雑誌です、『KAMINOGE』は。

——ありがとうございます。こうして毎年ヒロトさんにお話を聞かせていただいていて、その中でも凄く心に残っているエピソードがありまして。調べたら2014年のインタビューだったのでもう10年前ですね。ヒロトさんが大御所のブルースマンから「ハーモニカの構えがおかしいで」と言われた話。

ヒロト　あー、妹尾隆一郎さんだね。

——あっ、そのときはその方のお名前をおっしゃっていなかったんですよ。

ヒロト　言わなかったっけ？　そっか。妹尾隆一郎さんです。

——ボク、そのエピソードで格闘家を何人か救っています。

ヒロト　へえー。どういうこと？
――ずっと格闘技をやっていると、やっぱりどっかで行き詰まってしまうんですよね。勢いで勝てていたものが勝てなくなって、何連敗もしてしまったり。そこで練習の環境だったり、やり方を変えなきゃいけないんじゃないかと試行錯誤して、基礎からやり直したりする人が多いんですけど、そのやり直しの期間が非常に苦しいと。結果に反映されるのも先だし。
ヒロト　うんうん、そうだろうね。
――そこでボクは言うんです。「『ハーモニカの構えがおかしい』って言われて死にものぐるいで矯正したミュージシャンがいる。その矯正を経てハーモニカを吹いてみたら、どうなったか。幸福度が違うらしいよ。だからがんばれ」って（笑）。
ヒロト　あのね、ボクは妹尾さんからそれを言われた瞬間は「なんでいま言うの？」と思ったよ。
――どうしてですか？
ヒロト　だって、これからステージに上がる直前の楽屋で言われたんだよ。
――アハハハハ。「いざ」ってときに（笑）。
ヒロト　妹尾さんに会ったのはその日が初めてだったから、「はじめまして」の挨拶をしたあとにその日吹くはずの曲を「こんな感じだったよな」って2、3フレーズ吹いてたら、「おう、ヒロト。それ、持ち方が逆やで」って言われて（笑）。「あっ、そうなんですか？　妹尾さんはどうやって持つんですか？」って聞いたら、「こうやで」って教えてくれたの。「へえー、さっそく今日からやってみます」って言ったんだけど、もうなんにもできない（笑）。それで、もの凄くたくさんのお客さんの前で恥かいて。

「パンクロックが出てきたとき、『これ、チンピラのケンカじゃん』って。10代のボクにはそう見えたんだよ」


――それはいつ頃の話なんですか？

ヒロト　ブルーハーツの頃です。でも、そこで練習をしてから出るんじゃなくて、1回ど恥をかくっていう凹みが「こんちくしょー！」っていうバネになるんですよ。それがよかったと思うんですよ。

――「もう恥はかきたくねえ……」と。

ヒロト　だから「恥をかかなきゃダメなんだな」って思った。で、やっと人並みに吹けるようになって、ある日ブルースマンの映像を観ていたら、昔の俺と同じ持ち方をしてる人がいっぱいいたんだよ（笑）。

――えっ！　もう、何が正解だかわからない（笑）。

ヒロト　そうそう（笑）。

――でも、そのヒロトさんがハーモニカの吹き方を矯正したと

いう話は、どんなジャンル、どんな職業でも通ずる話だなと思っています。クロマニヨンズっていうのはロックの軍門に下った人たちの活動だと思うんですけど、ヒロトさんがよく言う「ロックを何かの手段に使うな」。

ヒロト　ボクはずっとそう思っている。

——何かの手段として使おうと考えている人は、すでに活躍しているときに矯正という地味でしんどい作業をやろうとは思わないと思うんですよね。今回のアルバムが17枚目ですけど、何か政治や社会に対することだったり、誰かや物事に対する直接的な怒りみたいなものが曲になっていたりすることが、もうずっとないですよね。

ヒロト　あのね、曲を聴いて結果的に何かの役に立つっていうのはすげえいいことだと思うんだよ。ただ、曲を作ったり発信したりするときに「この曲であれをこうしてやろう」とかさ、たとえばひとつわかりやすく言うと、これでカネ儲けしてやろうとかっていうのはない。でも、それはボクがそう言ってるだけで、そうじゃないって人がいてもいいんですよ。

——でも、それがずっと続いているということは自分の中で絶対に正しいと思ってる。

ヒロト　ボクはあるときに「人間が生きていく上で〝目的〟と〝手段〟というものがあるな」というふうに感じて、「ロックンロールは目的なんだ」って頑固に強く思ったんですね。「手段ではない。目的なのだ」と。

——ロックで何かを叶えるのではなく、ロックをやること自体が目的だと。

ヒロト　その目的に達するための手段はいっぱいあるから、そこで苦労もするかもしれないけれど、と思った。そういう経緯が20代の頃にあったんですよ。それはたぶん、自分がブレブレの人間だから、どうしても頭でそういうことを考えちゃうことが多かったんだと思う。天然でさ、まっすぐに突き進める人は、ボクみたいにいちいち考えないから。

——そのハーモニカの話でもうひとつ。たとえば街のケンカ屋が格闘技をやりますとなって、これはいにしえからのあるあるなんですけど、初めて格闘技の道場に行ったらケンカ自慢がボコボコにやられてしまうと。

ヒロト　『あしたのジョー』と同じだよね。いざボクシングとなったらアル中の丹下段平にやられる矢吹ジョー。

——そこで練習をやり始めた瞬間って、ただのケンカ屋だったときよりも弱くなっちゃうんですって。

ヒロト　そうだろうね。

——そこからやがて、もう路上では使っちゃいけない技や強さを身につけてしまうわけなんですけど。音楽シーンとかを見ていても、結局は路上のケンカがいちばん耳目が集まるというか。

ヒロト　うん、うん。その通りです。

——ヒロトさんたちはブルーハーツ、ハイロウズ、クロマニヨンズとやってきて、前のバンドはそれぞれ解散した理由があると思うんですけど、解散後の一発目に「サヨナラする／ダサイやつらと」とか「邪魔者は皆殺し」って歌ったりするのは「これ、一旦路上に帰ってるんだな」って思ったりもするんですけど。

ヒロト　意識してそれができることとか、そういう意識が見えたらカッコ悪いとかっていう部分でもあるんだけど。自分自身がどうやってきたかっていうのはよくわからないから話ができないけど、一般論としてね、パンクロックが出てきたときにあれが路上のケンカに見えたんだよ。

——あー。

ヒロト　一瞬ね。「クイーンみたいなものとは違うんだ」っていう。クイーンのような素晴らしいバンドもいる、エルトン・ジョンもいたりとか、レッド・ツェッペリンがいたりしたそんな時代にパンクロックが出てきたとき、やっぱり「これ、チンピラのケンカじゃん」って見えたんですよ。

——本物のチンピラに見えたと。

ヒロト　若かった10代のボクにはそう見えたんです。それはエルビス（・プレスリー）が出てきたときもそうだったんじゃないだろうかと思う。だから「あんなヤツ、テレビに出すな！」っていうことになったんだろうし。

「エルビスも出てきた瞬間はチンピラに見えたんだと思うけど、エルビスが歌っていたのは全部恋の歌です」

——表に出てきちゃいけない人がブラウン管に映ってるっていう。

ヒロト　そうそう。ビートルズもそうだったと思うんです。「あんな連中の、あんな髪の毛、なんだあれ?」みたいな。ロックンロールってかならずその街のチンピラのケンカに見えちゃう瞬間があると思うんだよ。ボクはそれが本物のロックンロールだと思うんです。で、ボクは自分ではわからなかったけど、最初ブルーハーツはそう見えたんだよ。

——見えました。

ヒロト　でしょ？　自分じゃそんなつもりもなかった。

——まさに表に出てきたらマズい人たちのように映りました（笑）。

ヒロト　って見えたみたいなんですよ。いまになって、いろんなものが後追いで世に出てるのを見ると。

——当時のみんなの気持ちを知ったんですね（笑）。

ヒロト　みんなの気持ちや言葉を聞いてると、「あっ、そうか。ってことは本物だったんじゃん」と思って。「じゃあ、俺、ずっとああでいたい」ってちょっと思ったね。一瞬ね。思ったからって自分で意識してできることじゃないのもわかってるから、そんなに強くは意識しないけど、まあ「一瞬でもできたんだな」と思った。

——だから『グッドバイ』とか『キラービー』という曲を書いたのはマーシーさんなので、マーシーさんも路上のケンカ屋という意識がかなり高い人ですよね。

ヒロト そこに意識的だから歌詞になるんだろうね。歌詞っていうのはその意識がかならず反映されると思う。

——でもヒロトさんもマーシーさんも、それをずっとやろうとはならない。

ヒロト それはさっきも言ったけど、エルビスも出てきた瞬間はチンピラに見えたんだと思うけど、でもエルビスってさ、どんな歌を歌っていたか。全部恋の歌ですよ。それでいいんです。本物のロックンロールは、甘い声で恋の歌を歌ってさ、「こんなヤツ、テレビに出ちゃいけない!」っていうぐらいの不良に見えるっていうのがいちばんカッコいい。

——チンピラのくせにロマンチスト。

ヒロト だからある意味、ボクはキャロルはカッコいいなって思う。

——キャロルも恋の歌ばっかですもんね。

ヒロト そうなんだよ。いまだに永ちゃんはああやってヤカラ的な人たちに好かれていて、それで歌ってるのはやっぱり恋の歌なんだよね。それでいいんだと思う。

——もう20代の頃から、それがロックンロールだという確信があったわけですね。

ヒロト それをずっとやってるっていうのは、どっかで頑固なんでしょう。

——話がつながってるのか、つながっていないのかわからないまま話しますけど(笑)、たとえばお笑いでM−1とかあるじゃないですか。ああいう賞レースは年に一度の凄く緊張感を生む装置ですけど、ヒロトさんはどんな感じで見ていますか?

ヒロト ボクは大好きでゲラゲラ笑ってる。だってあそこに上がってくるまでにいろんなところを切り抜けてくるわけじゃん。おもしろくないわけないんだよ。だから最高におもしろいネタ番組だと思って見てるよ。オーディションを切り抜けた精鋭たちが出るステージって、それだけでおもしろいじゃないですか。

——でも、たとえばイカ天は見てましたか?(笑)。

ヒロト イカ天はそんなには見てなかったな。自分はコンテストに出たいと思ったことがないし、オーディションを受けたいと思ったこともないというか、絶対にあんなものには出たくない。賞とかいらないし(笑)。

「ライブは全部バレるよ。お客さんには全部わかるから騙せると思ったら大間違い。だから本気で行かなな」

——そこは完全に切り分けて、お笑い好きのいち視聴者として楽しんでるってことですよね。

ヒロト　だからM－1に出てる人たちも、表向きは「獲りたい！」とか「1位になりたい！」とか言ってるかもしれないけど、なかには「おもしろけりゃいいんだよ」「ここでおもしろさを証明してやるんだ」っていう人もいるかもしれない。

――自分たちの芸を大舞台で披露したいだけなんだと。

ヒロト　そうそう。「いっぱいの人が見てくれるところでネタをやりたいんだよ」「日本中の人が見るここで俺のネタをやりたいんだ」っていうことが、それこそ目的であってさ。漫才が目的なんだっていう人は絶対にいると思うし、そういう人こそがいっぱい絞り込まれている気がするけどなあ。「どうしてもコンテストに出て、賞がほしい」っていうのは、やっぱ他人の〝いいね〟を求めてすぎてると思うんだよ。いつも言うけど、この世の中で他人のいいねぐらいいらないもんねえじゃんと思う。ひとつもいらないよ（笑）。あれはでもさ、前フリという か番組の前半でちょっと盛り上げるじゃん。

――いわゆる〝煽り〟ですね。

ヒロト　ボクはあれを全部飛ばしてネタだけ見てる。あとは点数もろくに見てない。ボクはそういうふうに見て楽しんでる。そういう見方をしてるっていうのがひとつの答えかもしれない。1年に1回の最高のネタ番組。いつも楽しみにしてる。で、いつも全部おもしろい。

――キングオブコントとかも死ぬほどおもしろいですよね。

ヒロト　もう全部見てるよ。そのあとあれをきっかけに活躍する人も、活躍っていろんな解釈があるけど、テレビにいっぱい出る人もいるし、「自分の活動場所はここじゃない」と思ってネタをただ黙々とやり続ける人もいるし、みんなそれぞれだもん。ただ、あの一瞬がおもしろければいいんじゃないかな。

――まさにお笑いはいろんな活躍の仕方があって、テレビにたくさん出ることがひとつの成功だったり、そうじゃなくてとにかくライブをやりたい、それで全国を回りたいとか。音楽もお笑いも、結局はライブがいちばん路上に近いという感覚がありますね。

ヒロト　うん。だから全部バレるよ。

――生ですもんね。「あっ、ビビってんな」とか。

ヒロト　「あ、ウソじゃん」とかさ。お客さんは全部わかるから。騙せると思ったら大間違い。お客さんをナメちゃいかんから本気で行かな。

――そう考えると、大相撲の15日制ってめちゃくちゃハードなライブですよね（笑）。

ヒロト　相撲取りにならなくてよかったよ。あんなの厳しいよお。あっ、さっきの話にちょっと戻るけど、M－1とかいろんな番組であの煽りの時間があるじゃないですか。あれ、プロレスのせいだと思うよ（笑）。

The

——あれは完全にプロレスとか格闘技の文化ですね。

ヒロト　プロレスや格闘技の盛り上げ方をそのまま移入してるような気がするよね。プロレスとかはその煽りこそ見るけど。

——入場のときの顔と（笑）。

ヒロト　そうそう。もう全部おもしろい。それが一丸となっておもしろいのがプロレスの世界だけど、それを漫才というまったく違うジャンルで真似してるんだもん。だからそれはね、ギクシャクもするよ（笑）。

——ある意味でスポーツ的というか、競技としてっていう前提を作っちゃっている感じですよね。

ヒロト　だからほかのジャンルの、いわゆるアマチュアスポーツの中継でさえ、プロレスの盛り上げ方をちょっと真似して解説を入れたりしている部分もあって。それでおもしろくなってるならいいんですけどね。

——プロレスの万能さが示されていますね（笑）。

ヒロト　本家のプロレスはそれをどんどんやっていってほしい。

「自分にとっての祭りを見つけたら、もう人生が楽しいと思う。みんながみんな見つけられるわけではないじゃん」

——プロレス自体は、本当にずっとくだらなくていいですよね。

ヒロト　うん。それ、やっぱりちっちゃい声で言うんだね。「（ちっちゃい声で）」って入れておいたほうがいいよ（笑）。「くだらない」ってすげえ褒め言葉ですよ。ロックンロールもそうだとボクは自分で思ってる。「くっだらないよ、ロックンロール」って。ローリング・ストーンズの新譜が出たときに「うわー、いまだにこんなくだらねえことやってる！」ってことで感動するもんね。

——一見すると非生産的なものなんですけど。

ヒロト　生産的であろうとすること自体がカッコ悪いじゃないですか。「どうでもいいよ」っていう、街のケンカのような非生産的な感じでいいんだよ。今日はどんな話をしてもチンピラのケンカに帰っていくけど（笑）。

——でも熱狂ってそういうところに宿るよなとあらためて思ったのが、このあいだウチの事務所がある町内でお神輿をやっていたんですよ。寒空で小雨も降るなか、みんなふんどしを履いていて、ちょっとお酒を飲みながらずっと練り歩いてるんですよね。それを見て「なんて楽しそうなんだ」と。下衆な言い方をすると「ノーギャラでやってるんだから相当楽しいんだろうな」と（笑）。

ヒロト　彼らにとってはそれが手段ではなく目的だからですよ。それでお金を儲けようとか、これで褒められたいとも思ってない。神輿を担いでるのが楽しくてしょうがない。そういうものってある。それがお祭りでもなんでもよくて、ボクはロックンロールをやること、バンドをやることがそうだし、非生産的でいいんですよ。それがいいんだと思う。

――それで1時間後くらいに外に出てみたらまだやってて、オヤジたちのステップがさっきよりも軽快で上手くなってるんですよね（笑）。完全にみんなの足並みが揃ってて。

ヒロト　いいね。キン肉マンみたいな、闘いのなかで強くなっていくやつみたいな感じだね（笑）。チームワークも取れてきて、そこに生まれる一体感っていうのは得も言われぬよろこびですよ。

――あれがいわゆるグルーヴってやつでしょうか？

ヒロト　まさにグルーヴじゃないですか。それで最後はチルするわけでしょ？

――そうなんですよ！　祭りが終わったあと、駐車場みたいなところでボクらは絶対に立ち入ることのできない酒盛りをわいわいやってました（笑）。

ヒロト　そこまで一緒に歩いてきたヤツらじゃないとそこには加われないよ。いいねえ。ニューオーリンズのお祭り文化みたいだな。そういう意味では「自分にとっての祭り」を見つけたら、もう人生が楽しいと思う。みんながみんな見つけられるわけではないじゃん。でも、その人たちは見つけたんだよ。よかったなあ。

――だからお神輿には煽りは不要ですよね。「この男たちはこの1年、どういう思いで過ごしてきたのだろうか？」っていうシリアスなやつはいらないです（笑）。

ヒロト　もう自分たちのなかには全部あるわけだからね。何も付け足しはいらないんだろうなあ。

――「非生産的なものにこそ熱狂がある」と漠然と感じてはいて、それを言葉にしてボクに教えてくれたのは仲良しのプロレスラーだったんですけど。非生産的な行為をしているにも関わらず、そこに熱狂が生まれ、おまけにメシまで食えてるっていうのが最高に幸せな形だと思うんですよ。

ヒロト　うん。そうそう。ボクも同じ気持ちですよ。そうなんだよなあ。だから「成功」っていう言葉があるけど、ボクは10代の頃から成功していたよ。

――バンドをやるという目的を達成していたってことですね。

ヒロト　うん。それはその一瞬の自己満足ですけど、「自己満足以外の満足はない」ってボクは思ってるから。それは10代の頃から言ってるんだけどね（笑）。「満足っていうのは自己満足のことなんですよ」っていう、その若気の至りがいまだにある。ボクの目指す到達点は自己満足です。「俺がいいと思えばいい」っていう。

「お祭りがやりたい。それを見た人が投げ銭をくれたらメシが食えるんだもん。ボクはそれで食ってる」

――自己満足でメシが食えている大人。

ヒロト　そうなんですよ。「ざまーみろ！」じゃん。そのかわり、誰も気づかないようなハードルとかが自分のなかにはあるんです。「これじゃあ満足できないじゃん！」っていうさ。それはあるうえで。

――でも、そのハードルを越えていく過程を絶対に煽りとして使わない。

ヒロト　まあ、そうだね。

――「いやさ、俺は曲を作るためにこんなに苦しんでるんだよ」とか（笑）。

ヒロト　いやあ……（笑）。いま、ちょっとおもしろいなと思ったな。ボクがそれを言ってどうするんだって（笑）。でもね、簡単に曲はできないよ。これは本当です。できるときがある。

――煽りでは「だが、約束の期日も近い……」とナレーションが入ります。

ヒロト　締め切りはないもん。締め切りがあったとしても破る。だってできないんだもん（笑）。

――煽りようがないですね（笑）。

ヒロト　それは初めてメジャーと契約した30数年前にもう言ってあるもん。「できないことはしない。行きたくないときは行かない。もし、それが法的に訴えることができるならば訴えてください」って。

――そう言ったんですか？

ヒロト　言ったよ。最初に契約するときに。「そういう人とあなたは契約するんですよ」って。

――「言いましたよね？」と（笑）。

ヒロト　「言ったでしょ？」って。急に来なくなるかもしれないじゃん。「でも、訴えてもいいよ」と。それで結局捕まってもさ、牢屋に入ればいいんでしょ？「入る、入る」みたいな。

――でもヒロトさん、それは逆に言うとめちゃくちゃ優秀な社会人ですよ。先に重要なことを伝えているわけですもんね。

ヒロト　そうそう。たとえば「この歌詞、ちょっと問題だから」って言われた時点で「あー、もう明日から来ないから」っていう契約ね（笑）。そのかわり高い給料は要求しなかった。「最低限でいいです。生活ができるだけで」と。

――それはただのいい人じゃないですか。

ヒロト　「いっぱいちょうだい」とは言わなかったよ。その件に関してはほかのメンバーは「どうしていっぱいくれって言わなかったんだ！」っていう気持ちだったかもしれないけど（笑）。

――あまり優秀な社会人ではなかったですね（笑）。

ヒロト　「おまえがあんなことを言うからずっと安いんだよ！」って思われたかもしれないけど、なんかね、でも自由なほうがいいもん。

――神輿を担いでこっちからあっちに移動したいだけなんだから、不当に進路をふさぐなよってことですね。

ヒロト　それでいいんですよ。ボクがやりたいのも同じ。お祭りがやりたい。

――神輿を担いでいない人も、それを見てるだけでアガってくれたらお祭りになる。

ヒロト　それで見た人が投げ銭をくれたら、それでメシが食えるんだもん。ボクはそれで食ってるんだもん。

「打算が見えたらつまらない。100パーセントお客さんを騙し切れるならいいけど、ボクにそのスキルがあると思えない」

――「これにはその価値があるぞ」と。

ヒロト　そうですよ。でね、いまでも初めてメジャーと契約した頃と同じというわけじゃあない。それはもう正直に言います。何十年かやってきてこの年齢になったときに、基本は変わらないけれどあのときと同じ気持ちではない。だからどうだろ、若い人に何か言えるとしたら、「一瞬でもそんな時期があったら絶対にうまくいくぜ！」って言ってあげたい。

――まず、それを背骨として持っておけばっていう。でも、一度そういうマインドを持つと「これはカネ儲けのためにやるんだ」って割り切ってやることに楽しくなれない気がしますね。

ヒロト　うん。楽しくないねえ。打算ってやつが見えてくるから。それはロックンロールもそう。それが見えたらもうつまらない。そしてお客さんは絶対に見破る。いや、騙せるならいいんだよ？　100パーセントお客さんを騙し切れるなら、それはエンターテインメント。でもボクはその騙し切るっていうスキルが自分にはあると思えないんで。だからこれだけしかないんですよ。身長もこれだけ、体重もこれだけ、脳みそがこれだけしかないから絶対にバレるんです。だからボクにはボクみたいなやり方しかできないと思う（笑）。

――嘘がバレることを恐れた保身のために嘘はつかない（笑）。

ヒロト　嘘がバレたときの恥ずかしさのほうが、もう考えただけで（笑）。ハッタリが効かないんだよな。

――振り返ると、これまでの活動でハッタリをかましたことってありますか？

ヒロト　どうだろうなあ？　でもね、ボクが言う発言とかやってきたことがハッタリに思えたり、聞こえたり、見えたりする場合があるらしいよ。たとえば最初にテレビに出た頃の態度とか。あれはハッタリでもなんでもないよ。本当に嫌なんだもん。本当に帰りたかったから荷物をまとめて出ようとして、入り口でタックルされて引きずり戻されたもん（笑）。

――アハハハ！　契約的にはまだ余裕でセーフです（笑）。

ヒロト　その嫌さがリアルに画面から伝わっただけで。「一生出なくていいじゃん」って思ったよ。20代の前半でさ、「なにやってんだろ、俺……」ってなった。テレビ局に行ってさ、テーブルの上に台本が置いてあって、リハーサルをやって、カメリハがあって、「3、2、1！」とか言われちゃって、「なにやってんだろ、俺」って。挙句にメイクさんみたいな人がファンデーションを塗りに来たりして、「やめてくれ!!」って（笑）。

――スキあらば塗りに来るわけですね（笑）。

ヒロト　あのさ、東京ドームでハルク・ホーガンとスタン・ハンセンが激突したときにさ、ホーガンが顔の前でバツを作って、ハンセンのラリアットを何回も防いだじゃん。あの感じだよ。「俺の顔になんか塗るな！」って（笑）。そのときも荷物をまとめて帰ろうとして。

――「この人、塗ってます」っていうのを絶対に世に出したくない（笑）。

ヒロト　それだったらシミだらけの顔でもいいよと思って（笑）。そこらへんはいまでもそうだね。あんな嫌なことはない。

――あいかわずボクは時間の使い方が上手くないんですが、そろそろお時間だそうで。今回は「ファンデーションを塗られたくない」で終わりとなります（笑）。

ヒロト　えっ、なんか今日おもしろい話あったかな？　と心配にならないくらい、なんの話をしたか、もう忘れちゃった。

THE CRO-MAGNONS INFORMATION

ザ・クロマニヨンズ 17th アルバム、2024 年 2 月 7 日発売 !!
2 月 16 日から『ザ・クロマニヨンズ ツアー HEY! WONDER 2024』開幕 !!

ザ・クロマニヨンズ 17th アルバム
『HEY! WONDER』

■ CD:BVCL1356/ 定価 ¥2,913+ 税　○初回仕様のみ紙ジャケット仕様
■完全生産限定 12 インチアナログ盤 :BVJL 104/ 定価 ¥2,913+ 税
○ '60 年代フリップバック E 式盤を可能な限り再現。180g 重量盤採用
［収録曲］
1. あいのロックンロール 作詞・作曲 真島昌利
2. 大山椒魚 作詞・作曲 甲本ヒロト
3. ゆでたまご 作詞・作曲 真島昌利
4. ハイウェイ 61 作詞・作曲 甲本ヒロト
5. よつであみ 作詞・作曲 真島昌利
6. 恋の OK サイン 作詞・作曲 甲本ヒロト
7. メロディー 作詞・作曲 甲本ヒロト
8. くだらねえ 作詞・作曲 真島昌利
9. ダーウィン (恋こそがすべて) 作詞・作曲 甲本ヒロト
10.SEX AND VIOLENCE 作詞・作曲 甲本ヒロト
11. 不器用 作詞・作曲 真島昌利
12. 男の愛は火薬だぜ ~『東京火薬野郎』主題歌 ~ 作詞・作曲 真島昌利

ザ・クロマニヨンズの最新情報やライブスケジュールは THE CRO-MAGNONS オフィシャルウェブサイト https://www.cro-magnons.net

甲本ヒロト（こうもと・ひろと）
1963年3月17日生まれ、岡山県岡山市出身。ロックミュージシャン。ザ・クロマニヨンズのボーカル。
1985年にギターの真島昌利らとザ・ブルーハーツを結成し、1987年に『リンダリンダ』でメジャーデビュー。1995年にザ・ブルーハーツ解散後、ザ・ハイロウズでの10年の活動を経て、2006年にザ・クロマニヨンズを結成。2023年12月13日に27枚目のシングル『あいのロックンロール』をリリース。2024年2月7日に17枚目のアルバム『HEY! WONDER』をリリースする。

バッファロー吾郎Aの きむコロ列伝!!

Buffalo GoroA

第145回 蟻群化墨にインタビュー

バッファロー吾郎A

バッファロー吾郎A/本名・木村明浩（きむら・あきひろ）1970年11月24日生まれ/お笑いコンビ『バッファロー吾郎』のツッコミ担当/2008年『キング・オブ・コント』優勝

去年の話だが、知人にスターダムの両国大会に連れて行ってもらった。女子プロレス団体の興行を生で観戦するのは何年ぶりだろう。強さのなかに華やかさと美しさがあっておもしろかった。

美しさといえば有村架純さんの熱愛報道だ。私は熱愛報道が出たくらいで有村さんを嫌いにならない。逆に有村さんがどんなことをしたら嫌いになるのだろう？

そんなことを考えているうちに眠ってしまい夢を見た。他人の夢の話はつまらないが、興味深い内容だったので紹介したい。

私は雑誌『シモノゲ』の取材で有村架純さんにカフェでインタビューすることになった。

——架純ちゃん、今日はよろしくお願いします。

蟻群「おいシモノゲ、いま、なんて言った？」

——すいません。架純ちゃんはちょっと馴れ馴れしすぎましたね。

蟻群「そんなことを言ってんじゃねぇ。私は有村架純ではなく蟻群化墨だ」

——アリが群がる化け物の墨と書いてアリムラカスミ？ なるほど、武藤敬司さんの悪の化身が愚零闘武多のように有村さんの極悪バージョンなんですね。

蟻群「愚零闘武多？ そんなもん知るか（天に向かって毒霧を吐く）」

——めっちゃムタに影響を受けてるじゃないですか。

蟻群「おい店員！ ビールを早く持って来いよ！ ノロノロしやがって『接客が最低の店だ』ってネットに晒すぞ！」

——ちょっと蟻群さん、店員さんへの態度が横柄なのはよくないですよ。あと無闇に「ネットに晒す」という発言をすると下手したら脅迫で捕まりますよ。

蟻群「うるせぇな。そもそもシモノゲってなんの雑誌だ？」

——プロレス&格闘技の雑誌です。

蟻群「言っておくが私はプロレスとかそういうオタクが群がるようなモノには一切興味がないし、知りたくもない（ジョッキのビールを一気に飲み干して）ワン・モア！」

――それは漫画『プロレススーパースター列伝』でハンセンとホーガンが歌舞伎町で飲んでいる時の1コマじゃないですか。蟻群さん、むちゃくちゃプロレスファンでしょ？

蟻群「で、何が聞きたいんだ？」

――蟻群さんが憧れるプロレスラーはやはりグレート・ムタですか？

蟻群「違う！」

――じゃあ黒のカリスマの蝶野さんとか。

蟻群「お前なんにもわかってねぇな。グレートのムタや蝶野の正洋もダークヒーローだろ？　総合格闘家でいえば朝倉の未来や平本の蓮もそっちだわな」

――はい。

蟻群「ダークヒーローはカッコいいんだよ。だから興味ない」

――じゃあタイガー・ジェット・シンとか？

蟻群「シンはリングを下りると紳士なのは有名な話だ。そんなことも知らんのか。

――じゃあ誰ですか？

蟻群「大仁田の厚さんだ」

――大仁田さんはめっちゃヒーローじゃないですか。

蟻群「たしかにFMWの頃はスーパーヒーローだったが、新日本と闘っている時の大仁田さんは新日ファンからとんでもなく嫌われていただろ？　ああいう毒のような存在に憧れるんだ」

――毒？

蟻群「大仁田という毒を新日から排除しようとする力が熱を帯び、その熱が毒と化学反応を起こしてムーブメントとなった」

――なるほど。矛盾した言い方になりますが「良い毒」だったと。

蟻群「そういうこと。あっ、そうだ！（急にパソコンで作業を始める）」

――何をしてるんですか？

蟻群「今度主演の舞台があるから、そのチケットを高額で転売しているんだ」

――ダメですよ！

蟻群「これも良い毒だ」

――良い毒じゃなくてあきらかな違法です。売るなら定価か定価より安く売ってください。

蟻群「『安く売れ』というのは私の価値がその程度という事ですか？　なぜ自分の価値を高く売ったらダメなんですか？」

――詳しくは知りませんけど、そういう法律があったはずです。

蟻群「いま『あったはず』と仰いましたよね？　そういう不確かな情報で相手を混乱に陥れるのは犯罪ではないんですか？」

――それは、そのー。

蟻群「ちゃんと質問に答えてください。どうなんですか？」

――俺にスマホのカメラを向けながら敬語で問い詰めるのやめてください。俺のほうが悪者みたいじゃないですか。

　ここで私は目が覚めた。夢の中で蟻群さんがいろいろ嫌なことをやっていたが、「蝶野の正洋」や「朝倉の未来」など苗字と名前の間に〝の〟を入れるのが地味にいちばん嫌だったかもしれない。それが似合うのは山城新伍さんや中尾彬さんみたいな昭和の大スターだけだと思う。

2023年大晦日『RIZIN.45』に兄弟そろい踏みで勝利を果たす。
兄弟だから知ってるお互いの素顔と
イカれた地元エピソード大噴出!!

KAMINOGE LIVE FOREVERS

"美しきドブネズミ"
平本蓮 [総合格闘家]

"美しき金狼"
平本丈 [総合格闘家]

収録日：2023年1月12日
撮影：保高幸子
写真：©RIZIN FF　聞き手：井上崇宏

「ボクは高校に6年行ってるんで丈が
高1のときに卒業して。5個違うのに
小学校と高校で2回かぶってるんですよ（笑）」
「兄貴は家で窓を全開にしてエレキギターを
めちゃくちゃ大音量で弾きまくるんですよ。
でもなぜか苦情が全然来なかったよね（笑）」

OKLYN

「入り口がブルーハーツだったんで『いつ聴いてもいいな』っていまだになる。そこだけはずっと変わらない」（蓮）

――兄弟揃って大晦日の勝利、おめでとうございました。ボクなりのご祝儀ということで、表紙に甲本ヒロトさんと並びで名前を入れさせていただきます（笑）。

蓮　おーっ！（笑）。

丈　ヤバっ！

――（表紙のデザインを見せて）ヒロトさん、カッコいいでしょ？

丈　すげー。めちゃくちゃカッコいい。

蓮　いいっすね。ヤバいっす。これ、ルイスレザーですか？

――そうです。めっちゃ真っ赤なやつ。

蓮　ボクも一緒の色のやつを買おう（笑）。3年前くらいにクロマニヨンズのライブ会場で井上さんと会いましたよね？

――そうでしたね。2021年2月のコロナ真っ只中のとき。

蓮　ボクは大晦日に萩原（京平）とのデビュー戦が終わったあとで、久々にクロマニヨンズのライブに行って。

丈　あれ、もう3年前になるんだね。

――お母さんも一緒にいましたよね。

蓮　そうっすね。そもそもお母さんがロックが好きで、ブルーハーツに影響を受けまくった人なので。

丈　お母さんはいま56で、めちゃくちゃ世代だから。

蓮　そういうカルチャー的なものは、お母さんがブルーハーツ、忌野清志郎、ウルフルズ、あとはエレファントカシマシとかを聴いてて、お父さんはヒップホップが好きなんで、もうバッチバチでTOKONA－Xとかだったから（笑）。

――ちょっと、ご両親が聴いていたところが平本兄弟のベースになってる感があるじゃないですか。

蓮&丈　（同時に）たしかにそうっすね。

丈　父のクルマに乗るときはだいたいTOKONA－Xで、母のクルマだとブルーハーツとかがずっと流れてて。

蓮　『知らざあ言って聞かせやSHOW』とかを子どもの頃から延々に聴かせられてたんで（笑）。だから自然にヒップホップもロックもどっちも聴いてて、自分でちゃんと音楽を聴くようになったのはブルーハーツに衝撃を受けてからで。そっからいろんなものをディグるっていうか入り込んでいって、「セックス・ピストルズとかクラッシュっていうのがいるのか」とか「あっ、ビートルズ」「あっ、ローリング・ストーンズ」っていろんなものを聴いていって。ただ、とにかく入り口がブルーハーツだったんで「いつ聴いてもいいな」っていまだになる、ずっと変わらない部分っていうのがあるっすよね。好きなものは増えてはいるけど、そこだけは変わっていないっす。

丈　それ、わかる。ボクもiTunesで全曲買ってるんで。
蓮　だから、いまでも試合前だと練習が終わったあとのしんみりとした時間とかにいろいろ考えちゃうじゃないですか。
丈　余計なこととかをね。
蓮　そこでブルーハーツを聴いたら、やっぱ元気が出るんで。
蓮&丈　（同時に）練習前は聴かないんですけど。
蓮　やっぱ練習前はジムに着くまで、ひたすら自分の入場曲を聴くんですよ。それで入場で出ていく瞬間とか、花道からリングに上がるまでを想像してるとモードに入れるんで。じゃないと練習できない。それで練習が終わったあとはふわっとなるんで、そういうときにブルーハーツを聴いてますね。

「自分がまともな人間だとは思ってないけど、親に『兄弟のなかでおまえがいちばんまともだ』って言われる（笑）」（丈）

――そこで熱くなるんじゃなくてチルというか。
蓮&丈　（同時に）チルっすね。
――ちょっと待って。ふたりは一卵性じゃないよね？（笑）。
蓮&丈　（同時に）いやいやいや！（笑）。
――さっきから、まったく同じことを同じタイミングで、同じような声で話すから（笑）。
蓮&丈　（同時に）たしかに（笑）。
丈　ふたりとも好きなものがほぼ一緒なんで（笑）。
――兄弟って凄いですね。口数の多いひとりとしゃべってるみたいでしたよ（笑）。
蓮　やっぱ、ずっと同じ格闘技が好きで、普段から一緒に練習をして、研究して。それでやるだけじゃなくて娯楽の部分としてもUFCとかを見てしゃべったりしてるから。そこはそれこそバンドを組んでるみたいな感じなのかなって思ったりしますね。
丈　情報交換とかもするしね。
蓮　でも弟だけじゃなくて、ボクのまわりは好きなものが同じって人が集まることが多いんですよ。格闘技関係じゃない普通の友達も格闘技界を追ってるんで、格闘技界の笑えるネタとかもみんなで爆笑できるんですよ。だからみんなで楽しくできてるかなって。
丈　飲むときとかも、だいたい6割くらいは格闘技の話なんで。
蓮　ボクと丈と、もうひとり丈と同い年の（佐藤）フミヤっていうコとか、あとは（篠塚）辰樹もそうですけど、ほかのみんなも格闘技が好きで知り合ってる部分があるので、本気でRIZINを追って楽しんでくれてて、たまに自分で「おもしろいことをやってるんだな」ってしみじみと思ったりしますね。
――平本兄弟っていうのはボクの知ってるかぎりだと、いち

ISAMI
RIZIN

ばんの仲良し兄弟なんですよ。だからいつもおふたりと会うと、ほほえましいな、うらやましいなって思ってて。

丈　そう言われることが多いですね。「うらやましい」って。

蓮　基本はボクらの両親がふたりとも、家庭に嫌な雰囲気みたいなのを持ち込みたくないっていうか、人の嫌味とかをチクチク言って楽しい雰囲気を壊したくないっていう人らなんですよ。「家族同士で争ってもしょうがない」っていうのはお父さんが常日頃から言ってて、ボクも小学生くらいのときは意地を張って反抗したりとかもあったっすけど、みんな格闘技が好きっていう共通もあるし、兄弟がっていうよりも家族が仲がいい感じっすかね。いまでもボクの格闘技界に対する不満の話とかで両親は爆笑しますからね（笑）。

丈　なんでも話すよね。

蓮　「こういうことがあったんだけど、コイツ、ヤバくね？」とか話したりして。

丈　親だけど、友達の感覚とあまり変わらないよね。親もめっちゃ話すのが好きだから、母さんとかが超話してるのをボクらがずっと聞いたりとかもしますね。

蓮　ボクが日常生活で「おまえ、ホントに頭がイカれてるな」っていうこととかをしても、親は何も言わないっす。あきらめられてる（笑）。

丈　兄貴はあきらめられてるんですよね（笑）。ボクにはちゃんとしてほしいみたいなのはあるんですけど。

蓮　自己判断でまかせてもらってるんだよ。もう放っておいても大丈夫だろうって。

丈　ボクも自分がまともな人間だとは思ってないですけど、親に「兄弟のなかでおまえがいちばんまともだ」って言われます（笑）。

蓮　だから親はボクにはいちばん厳しかったっすね。

「授業中にあまりにもクラスがワーッとうるさくなりすぎると『おまえら、黙れ！ぶっ飛ばすぞ！』って（笑）」（蓮）

丈　たしかに。門限とかもね。

蓮　そうそう。プロデビューしたあとも門限がありましたからね。

丈　逆にボクは全然ないっすよ。

蓮　ボクは昔から注意されることが嫌いで、人から説教を垂れられることが苦手なんですけど、でもそこで怒らないようにしようと思うじゃないですか。だから門限とかも「べつに文句言われる筋合いないわ！　練習も学校もこんだけやってるんだから遊ばせてくれよ！」って思ってたっすけど、それは言わずに夜中にこっそりベランダから出て遊びに行ったりしてた感じでしたね。べつにそこで悪いことをするわけじゃないし。ただ、親も心配だったんだなっていまは理解できるんで。でも学校が終わってからキックの練習を22時くらいまでやってたんで、遊ぶ時間は夜遅くしかないわけじゃないですか（笑）。

——おふたりは歳は5個違いですよね。丈くんにとって、どんなお兄ちゃんでした？

丈　いまとまったく変わんないっす（笑）。「兄貴って昔はどうだった？」ってよく聞かれるんですけど、本当に昔からこんな感じです。誰かに指示されてやるとかが絶対にできないタイプで、自分のペースがあって、自分が思ったことをやるっていう。

蓮　自分でやる気を出していくタイプだったんで（笑）。ちゃんと自分で自分をコントロールしてやりたいんですよ。

丈　昔からずっと天邪鬼だったよね？

蓮　たしかに（笑）。

——ベテランの天邪鬼（笑）。たとえば？

丈　学芸会でみんなで歌を歌うときとか、小学生や中学生の頃ってちょっと恥ずかしいじゃないですか。

——みんなの前で歌うのは恥ずかしいですよ。だからちょっと斜に構えてみたりして。

丈　そうしてみんなが恥ずかしがっているなかで、兄貴は本番でひとりだけめちゃくちゃ全力を出すんですよ（笑）。

——アハハハハ！　熱唱（笑）。

蓮　ボクは笑いをわかってるんで、本番で急に全力を出すんですよ（笑）。

丈　マジで全力で歌ってて（笑）。

——合唱になってない（笑）。

丈　そういう感じで、常にほかの人とは真逆のことをしてたっていうか。

蓮　ボクは基本的に同級生とかよりも先生と仲良かったんで、授業中に誰も先生の話を聞いてないときとかあるじゃないですか？　それであまりにもクラスがワーッとうるさくなりすぎて、先生のことをいじったり笑いものにしてるときとかに、ボクは天邪鬼なんで「おまえら、うるせーよ！　黙れ！　ぶっ飛ばすぞ！」って（笑）。

——謎に先生をめっちゃ守る（笑）。

丈　しかもポイントはいきなりキレるっていう（笑）。不良がひとりもいない学校だったから、それで「おお……」ってなるんですよ。

蓮　そのシーンとなった雰囲気とかも超大好きで。ボクが「マジでうるせー！　殺すぞ、マジで！」って言うと、先生も「そうだぞ。おまえら、みっともないぞ」って（笑）。その場を制圧するのが好きなんですよ。

丈　だから昔から何も変わってないですね（笑）。あとは当時住んでた団地って、壁がめっちゃ薄くて、隣の家の会話とかもバリバリ聞こえてくるんですよ。なのに兄貴は家に帰ってきたら、窓を全開にしてエレキギターをアンプにつなげてめちゃくちゃ大音量で弾き始めるんですよ。ボクが小学校から家に帰ってくる途中ですでに聴こえてくるくらいの大音量で（笑）。まわりのことをまったく気にしない。

蓮　ずっとエレキギターを弾いてましたね。

丈　部屋の壁にクロマニヨンズやセックス・ピストルズとかのポスターをバーッと貼ってて。シドチェーンを買いに行ったりしてたもんね。

「兄貴がギターを大音量で弾いたりしてるのも、けっして粋がってるわけじゃないんですよ（笑）」（丈）

蓮　シドチェーンもだし、もらったお年玉で古着屋に行ってショットのライダースを買ったりして。だから服装もいまとそんなに変わってなくて、ライダースにロックTシャツでスキニーっていう。

丈　ロックTシャツもべつに高いやつじゃなくて、普通のブートで中学生でも手を出せるくらいのね。

蓮　3000円とかのやつ。それこそ甲本ヒロトさんがよく買いに行ってる店まで行って、一緒のやつを買ったりとか。それで夏休みとかはアンプ全開にしてAC／DCをずっと弾きまくって、気持ちよかったっすね。ロックンロールに取り憑かれてたっす（笑）。

丈　それが自然というか、けっして粋がってるわけじゃないんですよ（笑）。で、その団地も謎なんですけど、苦情が全然来なかったよね（笑）。

蓮　足立クオリティだから（笑）。団地もヤバいヤツしか住んでなかったんで。まず、丈と同級生のコの家がリアル万引き家族で。

丈　本当にそうなんですよ。

蓮　そこのお母さんが自分の娘とかに万引きをさせるんですよ。もう超有名だった。

丈　家族全員で超有名。

蓮　それで5個違いなんで、ボクが小6のとき丈は小1じゃないですか。ある日、学校が終わってジムまでの時間を家で過ごしてたら、ドアがトントンって鳴って、丈に「ちょっと出て」って言ったら、なんか丈が玄関先でずっとしゃべってるんですよ。それで「えっ、誰？」って聞いたら「〇〇がお母さんと来た」って言ってて。

丈　あった、あった。

蓮　「えっ、なんて言ってるの？」って聞いたら、まず丈とはクラスが違うのに「ウチのコの体育着がないんだけど、もしかしたら丈くんの体操袋に入ってるんじゃない?」って言ってて。

丈　もう意味がわからないんですよ。団地が一緒なだけっすからね（笑）。

蓮　それでうるせえから「中身を見せて帰らせろ!」って言って、丈が見せたら、そのお母さんはマジでイカれてるんで「じゃあ、お兄ちゃんのは?」って（笑）。

丈　「いや、学年が違うっすから」って（笑）。

蓮　「お兄ちゃんの袋のなかも見せてくれ」って言ってきて。あれはヤバかったな。

――ただの危ない話だな（笑）。

蓮　子どもの頃にあまりにもそういう人がまわりにいたんで、それもまあべつに普通だったんですけど、大人になってから思うと「俺らの地元、ヤバくね?」みたいな（笑）。

丈　「昔、住んでた団地、めっちゃヤバいな」って（笑）。

蓮　それとか近所で有名な身長が１２０センチくらいのおじさんがいて、50歳くらいなんですけど、小学校の近くの公園でずっと小学生の女のコとブランコで遊んでるんですよ。ボクが小学校に入る前くらいからいるんすよ。

丈　ボクの時代までずっといるっす。

蓮　で、いまもいるんですよ。いま思うとアイツもヤバいよな?

丈　昔はそれが普通だと思ってたけどヤバいよ、あれ。

――でもギリでバランスが保たれてるというか、そこで女のコにいたずらをしたりとかはしないんでしょ?

蓮　当時は何かされたとかって話は聞いたことなかったけど、どうなんすかね。

丈　ボクらは男なんで何もされなかったけど。

「酒鬼薔薇聖斗が近くに住んでましたからね。だから中学生くらいのときにみんなで捜したりしたっすよ」（蓮）

蓮　そいつのターゲットは低学年の小1～2くらいの女のコで、抱っこしたりして。小6くらいのコには近づかないんですよ。

丈　まだよく理解できてないようなコにだけね。

蓮　いま俺がこんなんなってるのは絶対にアイツも影響してる。

――そんなバカな（笑）。

蓮　いや、マジでヤバいおっさんで。俺らの時代からいまでもいるって奇跡だよな?

丈　誘拐とかはしてないんだろうけど、ギリギリのラインを攻めてる感じがするっす。

蓮　で、団地でも下着泥棒がエグくて、1階に住んでる人が全員ブラジャーを盗まれたんですよ。お母さんとお姉ちゃん

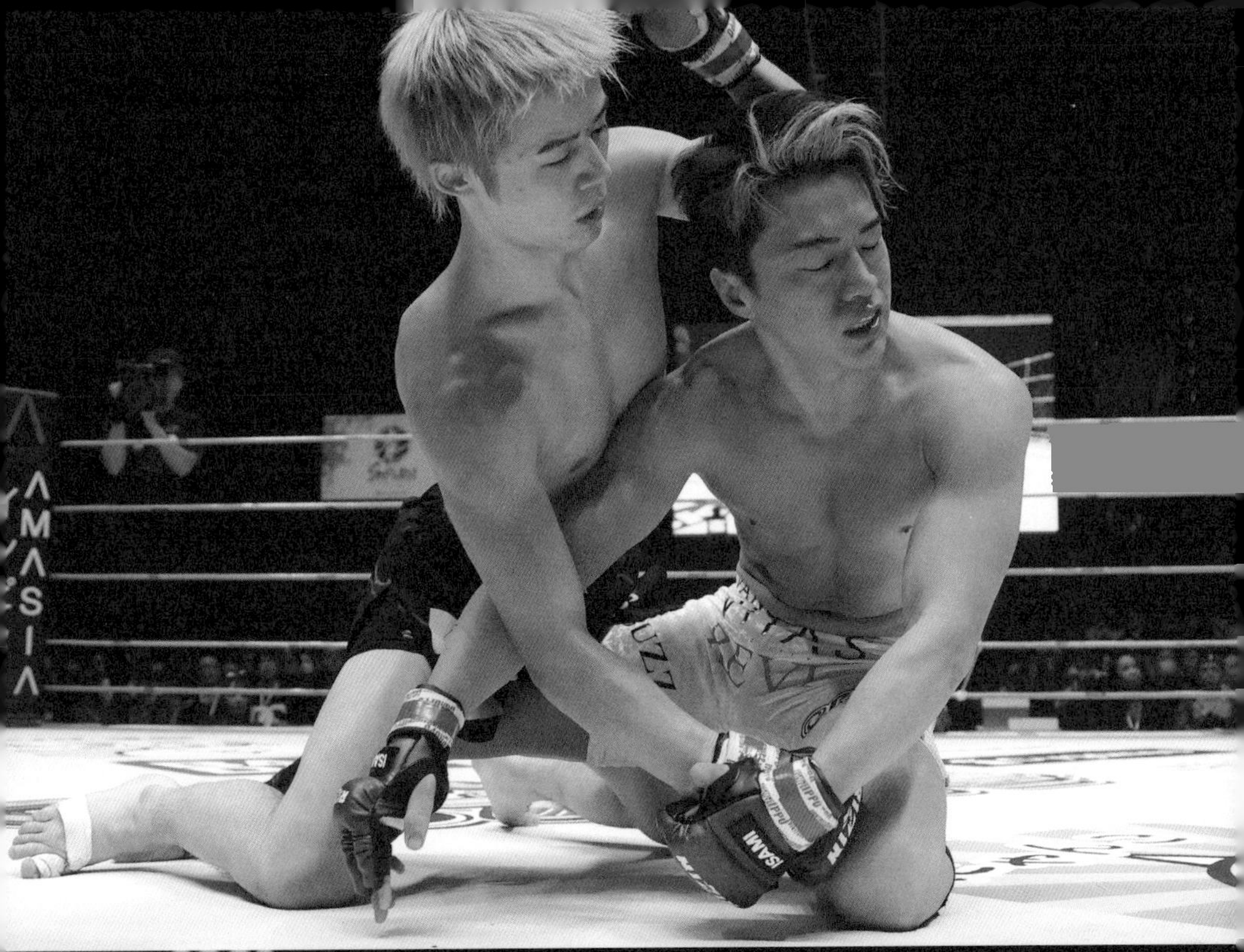
AMASIA
ISAMI
RIZIN

ISAMI
RIZIN

が「マジで盗まれてて下着がないんだけど」って言ってて、まわりの人らも「ない」ってなって、それでおかしいのがボクとお父さんの下着もないんですよ。ガチの下着泥棒で（笑）。

——下着ならなんでも持っていく（笑）。

蓮　1階の男のやつも全部盗まれてるんですよ。そうしたらそいつ、3年前くらいに女の家にいきなり侵入してレイプをしようとして捕まったんですよ。それでそいつんちにガサが入ったら何万着の下着が出てきて。

——ヤバい！

蓮　しかもそいつ、ボクのふたつ上くらいだったんですよ。だから、たぶん高校生くらいのときからずっと下着を盗んでるんですよ。

丈　ヤバっ。

蓮　あとは竹ノ塚駅に来週号の『ジャンプ』を持ってるホームレスのおっさんもいたよね。

——個人で（笑）。

蓮　誰よりも早く『ジャンプ』のいちばん新しいやつを持ってて、そいつに声をかけると売ってもらえるんですよ。もうわけわかんないヤツで（笑）。なんつったっけな、マイケルだっけな？　いまもいるんですよ。

丈　そういうレアキャラみたいなのがボクらの地元には超多くて。

蓮　髪の毛のなかにまな板が入ってるんじゃねえかっていうくらい、後頭部の髪が直立してるんですよ。なんか白い板が入ってるんですよ。でも絶対にまな板ではないんですよ。

――ちょっと、よくわからないな（笑）。

蓮　風呂に入らなさすぎて繊維質がぶっ壊れてるのかわからないですけど、髪の毛のなかに白い板が入ってるんですよ（笑）。

丈　「えっ、それ、なに？」みたいな。疑問なんだけど聞けないし（笑）。

蓮　いまだったら聞けるよね。「それ、何が入ってるんですか？」って。そういうヤバい街で育ってきたっす。

――ここから20キロも離れていないところでの話ですよね（笑）。

蓮　でもあそこは東京じゃないっすよ。

丈　まあ、いまはもっとマシになったけどね。

蓮　足立区っていちおう23区なので街は綺麗さを保ってるし、べつに普通の人ばっかりなんですけど、そのなかにとんでもないヤツがピンポイントでいるっていう。

――ひと握りの大物が。

蓮　スタンド使いみたいな感じのが。だからオーラがありますからね（笑）。

丈　学校帰りにチャリンコで追いかけて来るおじさんとかは普通にいたもんね。

蓮　あと酒鬼薔薇聖斗が近くに住んでましたからね。

――あっ、あのへんなんですね！　少年院を退院してから短期間だけど、『週刊文春』の記者が本人に直撃したりしてましたよね。それは地元では知られていたことだったんですか？

蓮　だから中学生くらいのときにみんなで捜したりしたっすよ。

丈　引っ越してきた瞬間に噂がめっちゃまわってきて。

※これ以降の内容は割愛します。

「高校はめちゃ簡単なところで単位を取れないようなコたちが集まっていたのに、そこに兄貴は6年いたっすからね（笑）」（丈）

――でも身元がバレて、すぐに街を出ちゃったんですよね。

丈　すぐに出たっすね。あと、ウチの近くに△△△の工場みたいなのがあったじゃん。

――△△△の工場？

丈　△△△しか住んでないマンションがあって、その裏に何をしてるのかわからない工場があって。

蓮　だから○○○が×××されたときに公安がその工場にバーッと来てたんですよ。

丈　ヤバいよね。

――ヤバさが多岐に渡ってるんですね。

蓮　そんな感じだから「なんなんだ、このクソみてえな街は？」と思って、フラストレーションが溜まりに溜まりまくって育ってきてるんで。

丈　だから早く出たいっていうのはずっと昔からあったっすね。地元だから落ち着くし、嫌いでもないんですけど、ずっといたくはねえなっていう。そんな凄い愛とかもないし。

蓮　そういうフラストレーションにロックが刺さったのかもしれないっすね。

――じゃあ逆に、お兄ちゃんから見てどんな弟ですか？

蓮　どんなとか考えたことがないかもしれないっすね。根本はいいヤツです。あとボクと違うところは、ちゃんと高校を3年で卒業できたっていう。

――あれ、留年したんでしたっけ？

蓮　ボク、高校に6年行ってるんで。

丈　だから5個違うのに、1年高校がかぶったんですよ（笑）。

蓮　丈が高1のときに卒業したんで。小学校と高校で学校を2回かぶってるんですよ。高校に人の倍行ったんで（笑）。

――えっ、何年生を何回やったんですか？

蓮　どんなだったんだろ？

――もう憶えてない（笑）。

蓮　はい（笑）。高1から高2に上がるのって単位的にはラクなんですけど、高2から高3が大変だから、たぶん高2を3年くらいやったっすかね。

丈　でも、その学校はめちゃくちゃ簡単なところなんですよ。

マジでそういう単位を取れないようなコたちが行ってるところで。そのコたちでも多くて4年とかでクリアしていくなかで兄貴は6年いたっすからね（笑）。

蓮　やっぱプロデビューが早かったんで、マジで練習しちゃうと学校に行く気がなくなるじゃないですか。それで「無理」ってなって。

——そういえば今年は、平本蓮が高1でK−1甲子園で優勝してから10周年ですよね。

蓮　あっ、たしかに。

丈　そっか。ボクはまだ小学生だった。

「昔は総合の膠着する時間が見てられなかったっすね。総合で見れた試合はドン・フライvs髙山善廣くらいなんで（笑）」（蓮）

——丈くんも幼少期からキックをやってたんですよね？

丈　ずっと練習してました。でも最初は「プロになりたい」とかはあまり思ってなくて。格闘技をやるのも好きだけど、見る専っていうか、見ることのほうが好きっていう感じだったんですよ。それが高校ぐらいで「本当に自分がやりたいことはなんだろうな？」って思ったら、やっぱいままでずっとやってきた格闘技がいちばん好きなものだったから。音楽とかほかのことも好きだったんですけど、いちばん好きなのはずっと格闘技だったから、どうせこんなに好きなら自分もやろうかなっていう。

——お兄ちゃんの影響も確実にありますよね。

丈　そうですね。だから高校からちゃんとプロ格闘家を目指してやるようになりましたね。それまではプロになろうと考えてなかったから、意外と試合も出てなかったし、ただ、めっちゃ研究熱心だったんで動画とかはずっと見てて、そういうタイミングで兄貴がMMAデビューして。だからMMAの練習を始めたタイミングは、兄貴と変わらないかな？

蓮　一緒ぐらいでしょ。丈は昔からめっちゃ総合が好きで。

丈　ウチの家族はDREAMとか見てなかったんですけど、ボクはもともとDREAMがめっちゃ好きで。

蓮　逆にボクはK−1しか見てなかったんですよ。

丈　UFCとかも昔から見てて、PRIDEも動画を漁って見たりして。だからMMAの選手とかも詳しくて、兄貴にもいろいろ教えたりしてましたね。

蓮　当時のボクは総合の膠着する時間が見てられなかったっすね。総合で見れた試合はドン・フライvs髙山善廣くらいなんで（笑）。

——9割立ち技（笑）。

蓮　あとは青木真也vs長島☆自演乙☆雄一郎のミックスルールとか（笑）。ああいうのは見ててめっちゃおもしろかった。

ボクシングもめっちゃ好きだったんですけど、ボクシングとかキックボクシングのあの芸術的な綺麗さが好きだったんですよね。
丈　打撃のキレとかね。
蓮　でも総合はどっちかって言うとケンカっぽく見えたし、それこそ男の中の男じゃないけど、ちょっともさい感じの雰囲気があってスタイリッシュじゃなかったんで。でもボクシングはメイウェザーとかカッコいいじゃないですか。そのあとUFCでコナー・マクレガーとかショーン・オマリーとかが出てきたけど、当時はそういうスタイリッシュなのがいなかったから。
丈　昔は本当にいなかったね。
蓮　だからシンプルに華やかさをK－1のほうに感じてたんですけど、いまはもう総合のほうがスタイリッシュですからね。それは技術が上がったっていうのもありますし、圧倒的に総合がおもしろいなって。
丈　逆にボクは最近、K－1とかのブレイクの時間が見れなくなったかもしれない。クリンチとかで「またかよ～」ってなる（笑）。MMAならそこからの展開があって、流れが切らないからおもしろいっていうのもあって、最近はキックの試合はほぼ見てないよね？
蓮　見るのはムエタイの試合とかくらいだな。ムエタイ、レ

スリング、それとグラップリングの大会とかのほうがキックよりも見るっす。キックを見てて得られるものって、まあ凄い強い選手とかならいまだにありますけど、レスリングとかを見て目で覚えるってほうが大事かな。だからわりとレスリングをおもしろく見てますし、あとはロシアのサンボとか。

丈　サンボとかおもしろいよね！

——あっ、サンボとかも見ます？

蓮　全然見ます。「コイツら、こんなキツイことをやってんのか!?」みたいな（笑）。あとロシアのよくわからない格闘技とかもめっちゃ見てるっすね。

丈　みんな名前も知らないけど、全員強そうだったり（笑）。

蓮　素手のボクシングみたいなのがロシアにあって、それとかクソおもしろいんですよ。だから、いろんな格闘技を好きになったかもしれないっすね。

丈　たしかに。

蓮　もともと好きな格闘技がもっと大好きになってるし、地元から離れて生活しているし、今年もやってやるぜって感じっすね（笑）。

平本蓮（ひらもと・れん）
1998年6月27日生まれ、東京足立区出身。総合格闘家。剛毅會所属。
小学生のときからキックボクシングを始め、12歳で全国U-15ジュニアボクシング大会優勝、高校1年でK-1甲子園優勝、高校3年でK-1ライト級世界トーナメント準優勝、そして19歳のときに日本人で初めてゲーオ・ウィラサクレックにKO勝利するなど輝かしい実績を残す。その後、総合格闘技に転向し、2020年12月31日、『RIZIN.26』萩原京平戦でMMAデビュー（2RTKO負け）。2022年3月6日『RIZIN LANDMARK vol.2』で鈴木千裕に0-3の判定負け。2022年7月2日『RIZIN.36』で鈴木博昭に2-1の判定勝ちを収めMMA初勝利。2022年11月、『RIZIN LANDMARK 4』で弥益ドミネーター聡志に判定3-0で勝利する。同年大晦日の梅野源治とスタンディングバウト特別ルールをおこない、2023年4月29日、『RIZIN LANDMARK 5』で斎藤裕に判定1-2で敗れる。同年12月31日、『RIZIN.45で』YA-MANに3-0の判定勝ちを収めた。

平本丈（ひらもと・じょう）
2003年7月22日生まれ、東京都足立区出身。総合格闘家。剛毅會所属。
兄・平本蓮の影響で5歳よりキックボクシングを習い始める。2020年より蓮と一緒にMMAに転向。2021年、ABEMAの格闘技オーディション番組『格闘DREAMERS』に参戦し最終審査まで到達するが、2回終了時に棄権しTKO負けを喫する。2023年3月26日、『GLADIATOR 021 in OSAKA』で約2年ぶりの復帰戦並びにアマチュアデビュー戦を果たすが飴山聖也にKO負け。2023年12月31日、『RIZIN.45』でRIZINデビュー戦としてYUSHIと対戦。3Rにハイキックでダウンを奪うなど試合を優勢に進めて3-0の判定勝ちで見事勝利をおさめた。

鈴木みのるのふたり言

第126回

ウナギ・サヤカ人気

構成・堀江ガンツ

——鈴木さん、新年一発目の「ふたり言」収録ということで、今年もよろしくお願いします！　まあ、これが載る号の発売日は2月5日なので、全然新年という感じじゃないと思いますが（笑）。

鈴木　2月5日か。その頃、俺はヨーロッパに行ってるな。フランスに行って、イギリスに行って帰ってくる感じ。

——フランスって珍しいですね。

鈴木　フランスは初上陸だね。ベルギーのプロモーターなんだけど、フランスでビッグマッチをやるみたいで。

——フランスって19世紀にすでにプロレスが盛んだったのが20世紀初頭に衰退したらしいんですけど。いまは新たなカルチャーとして、またプロレスが根づいているんですね。

鈴木　韓国もそうでしょ？　韓国も大木金太郎さんの時代は盛んだったのが下火になったのに、いまは日本のプロレスが人気だからね。年末年始はウチの店（原宿「パイルドライバー」）にも外国人のお客さんがたくさん来たけど、ザ・ジャパニーズの俺のプロレスが海外でウケてるらしいよ。奇跡の50代ですから（笑）。

——今年でデビュー何年でしたっけ？

鈴木　もうすぐ36年になります。

——あらためて数字にすると「36年」って凄いですね（笑）。

鈴木　これ、このあいだアップした写真。55歳。いい身体してるねえ（笑）。

——1月7日に後楽園ホールでおこなわれたウナギ・サヤカ自主興行のポスター用集合写真ですね。

鈴木　あの大会、チケットが前売りで完売したみたいでよかったんじゃない？　しかもウナギのファンが100パーセントっていうのがおもしろいでしょ。

――個人の人気で後楽園ホール札止めは凄いですね。

鈴木　もちろんほかの選手のファンもいたんだろうけど、ウナギのウナギによるウナギのための興行だからね。

――このウナギ・サヤカ人気というのを鈴木さんはどう見てますか？

鈴木　プロレスが飛び抜けてうまいわけじゃないし、強いわけでもない。それでいて人気があるんだからおもしろいよね。だから変な話、これぞまさしくプロレスなのかもね。プロレスって勝ち続けるヤツだけが人気があるわけじゃないし、逆にそういう勝ち続けるヤツは全然人気がないこともあるじゃん。

――そうですね。あとウナギ・サヤカの人気は、やはりオリジナリティがあるところですかね。

鈴木　どうなんだろうね。まあ、ほかにはいないタイプではあるかな。ちょっと話は逸れるけど、〝オリジナル〟に関する話で最近凄く嫌な気持ちになったのが、1・4東京ドームのメイン。

――内藤哲也選手とSANADA選手のIWGP世界ヘビー級タイトル戦ですか。

鈴木　あの試合をチラッと見たんだけど、最後にSANADAの技を内藤がやって終わったじゃん。

――内藤選手がフィニッシュのデスティーノにいく前に、SANADA選手のフィニッシャーであるデッドフォール（スイング式スパイクDDT）をやりましたね。

鈴木　俺、大嫌いなんだよね。相手の得意技をやるっていう安直なやり方が。たまに鷹木（信悟）もやるじゃん。このあいだタマ・トンガとやったときもタマの技を使ったり。発想が中高生のプロレスファンなんだよ。要はプロレスのテレビゲームをやってるのと同じで、使えるから使ってオッケーみたいなさ。あれは俺のなかではノーなんで。ひとつもおもしろくないよ。

――いま、タイトルマッチになると相手の得意技を使うのがお約束のように頻繁に出るから、「掟破りの」っていう言葉が凄く陳腐になってますもんね。

鈴木　あれは「他人の得意技は使わない」という不文律があった時代に藤波（辰爾）さんが長州さんに対してサソリ固めをかけたから〝掟破り〟であって。その行為は、言わば藤波さんのオリジナルじゃん。

――そうですね。いまはその掟なんて有名無実化してるから、掟破りでもなんでもないという。

鈴木　俺はその〝掟〟自体を守れと言ってるわけじゃないよ。レスラーは必要な場面で、自分が身につけた必要な技を使わなきゃいけない。それを相手の技を使えばなんか意味が出ると思ってるんだったらあまりにも安直で、頭を使わなさすぎ。

――他人の技って、本当に意味がある場面で使わないと逆効果ですよね。

鈴木　俺は逆に他人に技を限定されるのも嫌いんだよ。俺は入門してからずっと寝技の練習を続けてたのに、デビューしたとき、「おまえはちっちゃいから飛び技を練習しろ」って言われたことがある。こっちからすると「俺、強えのに、なんで？」って思ったんで「嫌です」って言ったら怒られて。「スクワット500回やっておけ！」って言われて（笑）。

――意に反して飛び技の練習するくらいだったら、スクワット500回のほうがいいというか（笑）。

鈴木　ウナギ・サヤカもチャンピオンになるような強さは持ってないけど、人に言われたことをやるんじゃなく、自分のやりたいことをやってるのが魅力なんじゃないかなって、ちょっと思ったり。だって、自分の自主興行の日、3試合やって3回負けてるからね。

——しかも、べつに弱さを売りにしてるわけじゃないですもんね。

鈴木　強い・弱いを売りにしてないからね。「それなのになんで人気があるの？」っていう疑問自体が、人の関心を呼んでるというか、引っかかりになってるんだよ。

——ウナギ・サヤカはルックスがいいからっていうのもありますけど、いまの女子プロレス界、ルックスがいいレスラーはほかにもたくさんいますからね。

鈴木　ここからどうするかはもちろん本人次第だから俺がどうこう言う問題じゃないんだけど、はたから見ていて凄くおもしろいよ。一緒に話をしていてもおもしろいコだと思うね。

——ほかの女子レスラーとは考え方が違うみたいな感じですか？

鈴木　まったく違うね。ちゃんとした道場出身じゃない感じがするね。俺が経験してきた、プロレス団体の縦社会の道場を経験して育った選手とは明らかに違うな。女子プロレスでも、そういう道場でしっかり鍛えられて上がってきた選手がいるでしょ。たとえば里村（明衣子）とかさ。

——里村さんは、まさに伝統的な「プロレス道場」出身の猛者ですよね。

鈴木　前に試合で仙台に行ったとき、休みがあったんで仙女のヤツらとメシを食いに行ったんだけど。そのあと「カラオケ行こうよ」っていう話になったら、里村がビシッと背筋を伸ばして「それでは鈴木さん、カラオケ、一緒に、よろしくお願いします！」って言ってきてさ。「おいおい、カラオケじゃん。練習じゃないんだよ？」みたいな（笑）。

——これがウナギ・サヤカなら「みのる、行こうぜ〜」って感じですかね（笑）。

鈴木　いや、「みのる、おごり！」だな（笑）。

——おごられて当然と（笑）。

鈴木　まあ、それもおもしろいけどね。

——鈴木さんとウナギ・サヤカの最初の接点ができたのは、四国かどこかの大会でしたっけ？

鈴木　去年の5月にやった、徳島の町おこしプロレスで声をかけられたのが最初だね。主催者がウナギ・サヤカを中心にした町おこしプロレスイベントを企画したんだけど、地方だとまだウナギの知名度だけじゃ興行的に厳しいじゃん。それで最初に俺のところに話が来たんだよね。

——全国区の名前が必要ということで、白羽の矢が立ったと。

鈴木　それが俺と藤原（喜明）さんだね。あとはアジャコングとジャガー横田。ウナギとはそこからの付き合いだね。興行は5月だったけど、プロモーションは1月くらいからやってたから、ちょうど1年くらいだよ。

——でも、その徳島の大会にしても、今回の自主興行にしてもウナギ・サヤカを中心に、ビッグネームが動くんだからたいしたもんですね。

鈴木　アイツ、いろんなことが適当なんだよ。それでまわりのスタッフが「えーっ、また？　アンタ、ちゃんとやんなよ〜」とか言いながら、支えてくれてるんだよ。なんか知らないけど、まわりに恵まれてる人っているじゃん。自然とみんなが助けてくれちゃう人。ウナギはそういうタイプだと思う。

——人たらしとはちょっと違いますけど、なんだかんだで魅力があるんでしょうね。

鈴木　ゴマをするタイプじゃないからね。この世界、ゴマスリばっかりのヤツはメジャー団体も含めてたくさんいるけど、それとは違うから。基本的に俺は変わったヤツが好きなんだよ（笑）。

——極端な人が好きというか。

鈴木　そうだね。里村や橋本千紘みたいに毎日練習して、試合に向けてバリバリに作り上げるヤツも好きだし。このあいだ小波って選手と初めて対戦したけど、「あっ、ちゃんと強いコだ」って思ったよ。ローキックを蹴られたここがいまも紫色に腫れてるもん（笑）。

——そんな爪痕を残されましたか（笑）。藤井恵さんに鍛えられた選手ですよね。

鈴木　寝技をやったときも、「あっ、ちゃんと強えんだ」と思って。そういう強いヤツも好きだし、そこまで才能はなくてもやたら一生懸命やってるヤツも好きだし。要は中途半端なヤツが嫌いなんだよ。でもウナギは練習に裏打ちされた強さがあるわけでもなければ、ほかの選手と歩調を合わせたりもしないから、やっかみが多いだろうね。敵が多そうな顔をしてるもんな（笑）。

——まあ、そうですね（笑）。

鈴木　「なんでアイツが?」って絶対に言われるタイプなんじゃないの。

——夜の街でやたら指名が多いコみたいな（笑）。

鈴木　「そんなにかわいくないのに」みたいなね。AKBみたいなグループアイドルでもあるじゃん。「なんでいちばんかわいいコが3番手で、そんなにかわいくないコがいちばんなんだろう?」みたいなのが。

——本当は手が届かないのに、手が届きそうに思わせるタイプですね（笑）。

鈴木　そういうのにハマるとヤバいんだよ（笑）。

——本当は恐ろしいウナギ・サヤカ（笑）。

鈴木　ちょっと前まで、ウナギはそんなに長くプロレスをやるつもりないんだろうなと思ってたんだよ。短期間でバーッと稼ごうとしてるのかなって。でも最近のアイツを見ていると、プロレスの奥深さとかおもしろさに、じつはちょっと気づいているフシがあるんだよ。

——ほお〜、それは興味深いですね。

鈴木　でも本当におもしろいところはもっと深くにあるからさ、「このままではそこまで行けない」っていうこともわかってるはずなんだ。プロレスっていろんな見せ方があるじゃん。価値観がひとつじゃなくて、いろんな方法論も考えられる。そこがまた奥深いわけじゃないですか。そこにアイツはちょっと気づいたんだと思うよ。俺と関わるようになって。

——あっ、鈴木さんがウナギ・サヤカを覚醒させましたか（笑）。

鈴木　たぶん、いま第一線でやってる日本のプロレスラーの中で、プロレスのいちばん深いところまで手が届いてるのは俺なんで。アイツは俺のそばにいて「あれ？　この人、なんか違うぞ」みたいに気づいて、なんか盗もうとしてるんだよ。

——フリーとして世界で活躍する大先輩なわけですもんね。今度、鈴木さんとウナギ・サヤカの対談をやりましょうか。

鈴木　それ、対談になるのかよ。すげー中身のない対談になりそう（笑）。まあ、プロレス界の王様だから、どんなヤツの話でも聞いてやりますよ！

生ける伝説のスタイリストはトンパチお洒落おじさんだった！
矢沢永吉、長州力、古舘伊知郎、そしてアントニオ猪木らを
相手に徹底的にしくじりまくる!!

KAMINOGE
SHOWA ERA MONSTER

“昭和の怪物”

大久保篤志

[スタイリスト]

収録日：2024年1月10日
撮影：工藤悠平
写真：大久保篤志所有　聞き手：井上崇宏

「なんかいろいろダメなんですよ。
何度も何度も死にかけて、よく生き残ったな、
よく消えなかったなって思ってる。
ただ服とかカルチャーが好きなだけだから。
いま68になって『俺ってなんてバカ
だったんだろ……』って思ってる（笑）」

「ジョー樋口さんがボソッと『おまえら、ここでカネの話をすんなよ』って言ったらみんなシーンとなってさ（笑）」

――1983年に、PARCOのCM（広告）にスタン・ハンセンが起用されたことがありましたよね。

大久保　そうそう。あれ、俺ですよ。

――あのときボクは小学生で、ちびっこプロレスファンとしては「ハンセンが普段着でこんな感じのコートとかスーツを持ってるわけないよな」と思ったんですよ。なので、最初にあの広告を見たときが、たぶん「スタイリング」とか「スタイリスト」なる存在にうっすらと気づいた瞬間だったのかなと思うんですよ（笑）。

大久保　あれがね、俺にとって広告の仕事の一発目。

――えっ、あれが一発目なんですか？

大久保　うん。あの打ち合わせに行ったら、演出が川崎徹さんで、コピーが糸井重里さん、そしてカメラマンが十文字美信さん、アートディレクションが井上嗣也さんっていう錚々たるメンバーが揃ってて、そのなかにぽつんと新人で26の自分がいて「あ～……」なんて口を開けながらさ（笑）。それでハンセンのスーツの指示とか、まわりの男の子たちの服のカラーチップを渡されて「大久保くん、ランニングの色はこの青で、短パンの色はこれね。これでやって」って言われて「はい！」みたいな。

――凄まじいメンツのなかでのデビュー戦だったんですね（笑）。

大久保　「とにかく服のことだけはキミにまかせたよ」みたいな感じで大御所たちが言うんですよ。それで、あの撮影は千葉の埋め立て地でやったの。その日、ハンセンは千葉公園体育館で馬場さんのPWFヘビー級王座に挑戦して。

――あっ、巡業先での撮影だったんですね。ハンセンが勝ってベルトを取ったときですよね。

大久保　ハンセンが勝ったんですよ。それでいまみたいにロケバスがない時代だから、普通のバスにぽつんとハンセンがひとり英字新聞を読んでて、普段はもの凄くエリートな感じだったよね。その前にも、いまはなき銀座東急ホテルに採寸に行ったときも会ったんだけど。

――ハンセンの宿泊先に行って。

大久保　普通のシングルの部屋で、ベッドもちっちゃくてね、「ハンセンがよくこんなところに寝てるな」って（笑）。それといちおう試合の雰囲気も見ておこうってことでプロダクションの人たちと後楽園ホールにも行ったんですよ。それで裏の控室に行って、プロダクションの人がハンセンと話をしているあいだ、俺らはいちばん手前のところでずっと待たされていたんですよ。そうしたらジョー樋口さんが葉巻をくわえな

がら、ボソッと「おまえら、ここでカネの話をすんなよ」って言ったら、みんなシーンとなって（笑）。

――おっかないですね（笑）。

大久保　あれはたまらなかった。でもジョー樋口さんはカッコよかったな。

――そもそもPARCOのお仕事は、どういう経緯でお声がかかったんですか？

大久保　当時は雑誌の『POPEYE』で男のスタイリングをちょっとやってて、『anan』でもちょっとやってて、26歳でちょうどイキがよかったんじゃないかな。それで「アイツにやらせてみようか」みたいな。ちょうどこのあいだ渋谷PARCOで『PARCO広告展』をやってたでしょ。

――11月から12月にかけてやっていましたね。

大久保　あそこでもあのポスターが貼られてあって、すげえうれしかった。


「結婚式の二次会で仲間内の酒癖が悪いのが長州さんに絡んじゃったのよ。そのうちキンタマとかを触り出しちゃって」

――思い出深い、最初の広告仕事ですもんね。それで今日はこの長州力のレコードをお持ちいただいたんですか？　見本盤で長州さんのサインが入ってますけど。

狩人か、旅人か。
PARCO
ROCKIN' ROLLIN'
PARCO
PARCO
PARCO

大久保　まずね、ハンセンをやったちょっとあとくらいの、俺が27くらいのときに古舘伊知郎さんと凄く仲良くなったんですよ。古舘さんのスタイリングをちょっとだけやらせてもらってたから。

——あっ、古舘さんも担当されていたんですね。

大久保　そう。俺と歳も近くて、プロレスの実況で人気が上昇してるときじゃないですか。そして俺もなんとなく仕事が増えてきてるときだったからウマが合ったというか、よくプライベートでも会ってて。その頃に古舘さんに連れて行ってもらったのが、倍賞美津子さんの弟さん（倍賞鉄夫）が六本木でやってたスナックみたいな居酒屋のような店で。

——『居酒屋ばいしょう』ですかね。

大久保　そこに長州さんがいたんですよ。それで一緒に飲んでて、長州さんからメキシコとかそういうところでの修行時代の話を聞いてたら、レーナード・スキナードとか凄くマニアックなロックバンドの名前が出てきたのよ。「えっ、レーナード・スキナードが好きなんですか？　俺も好きですよ」「あっ、そう？」みたいな。「えっ、長州さん、マジ!?」と思って（笑）。

——長州さんともウマが合ったと。

大久保　それでちょうどその頃、俺が結婚式をするってことになってて、長州さんが「俺、行くよ」って言うんですよ。

——あっ、そんなマブダチみたいな感じなんですね（笑）。

大久保　それで俺も若造でのほほんとしたバカだからさ、結婚式の司会を古舘さんにやってもらったの。

——えっ、それもまた凄いですね。

大久保　それと当時、俺は片岡鶴太郎さんのスタイリストもやってたの。『鶴ちゃんのプッツン5』とか。

——めっちゃ見てましたよ（笑）。

大久保　あのとき、鶴ちゃんが赤いメガネをかけてたでしょ？あれは俺。

——なるほど。言われてみればそうだ！って感じの大久保さんっぽいスタイリングですよね。

大久保　だから鶴ちゃんもゲストで呼んだんだよね。正直言って、あまり乗り気じゃない結婚式だったんだけど。

——乗り気じゃない結婚式ってなんですか？（笑）。

大久保　本当に悪いんだけど、「まあ、仕方ないから結婚しよっか」っていうノリだったわけ。相手に対しては大変失礼ですよ。だけど、ふとウチのお父さんを思い出して、父は凄く仕事ができる人なんだけど、かならずコレ（オンナ）がいたわけ。だから「あっ、いいや。俺も結婚してもべつにコレを作ればいっか」みたいな感覚で（笑）。

——年貢は納めないと（笑）。

大久保　「だったら、流れで結婚しちゃおう」みたいなことになって、式をやって。それで事前に古舘さんから「長州さんはかならずボクの横の席にしてね」って言われてて、古舘さんは司会だから末席になるじゃないですか。そこに長州の席も用意すればよかったのに、乗り気じゃない結婚式だから主賓とかを全然呼んでなかったわけ。だから長州さんをけっこう前のほうに座らせちゃって、俺はそこでまず一発ちょっとまずいことをやっちゃったの。

――せっかく来てくれたのに、ひとりぼっちで、しかも目立つところに座らせちゃって。

大久保　それでもう司会が古舘さんだから、結婚式自体はめちゃくちゃ盛り上がって（笑）。そのあと二次会をどっかのホテルでやったんだけど、その二次会に来たまでは長州さんも古舘さんも和気あいあいって感じだったんだけど、そのときに俺もチェックすればよかったんだけど、その当時はもう本当に全然ダメなヤツだったからボーッとしちゃっててさ、仲間内で酒癖が悪いのが長州さんに絡んじゃったのよ。

――うわあ（笑）。

大久保　「ねえ、猪木さんとやったらどっちが強いの？」とか言っててさ（笑）。

――わかります、わかります。それ、最悪ですよ（笑）。

大久保　そのうち長州さんのキンタマとかを触り出しちゃってさ、パッと見たら長州さんも目で訴えてるわけ。それで「あっ、やべえ……」と思ったんだけど、時すでに遅しで、もう次の瞬間にバーッと古舘さんと一緒に帰っちゃったのよ。怒っちゃって。

――めちゃくちゃまずいですね！

大久保　もうさ、あれは形を変えられるところだったよ（笑）。

「長州さんだけじゃなくて古舘さんともなんとなく縁が切れたわけ。俺はきちんと1回どこかで謝りたいですよね」

――いまでこそ、大久保さんもそういうおもしろいことが言えてますけど、そのときはめちゃくちゃ焦りましたよね？（笑）

大久保　あのときの怒って帰って行くときの長州さんの顔は一生忘れない。で、「いつか謝らなくちゃいけない」っていうのが頭のなかにずっとあって、それで3年前くらいにとあるテレビの収録に仕事で行ったとき、そこに長州さんも来るって聞いたんですよ。

――3年前に。すみません、大久保さん。どうして結婚式の次の日とかに謝りに行かなかったんですか？（笑）。

大久保　だって怖いじゃない。だからそのテレビの収録の日の緊張感ったらなかったよ。「長州さんが来る、長州さんが来る……」って。

――やっぱりいまだに緊張するんですね。

大久保　「どうしよう、どうしよう……」って。まあ、結局その日は挨拶に行かなかったんだけど（笑）。

――アハハハハ！　やっぱり生き様もお洒落ですね（笑）。

大久保　でね、結婚式のあと、古舘さんともなんとなく縁が切れたわけ。

――立て続けじゃないですか。古舘さんとは何があったんですか？

大久保　俺がなんかの仕事でイタリアに行くってときに、「何かイタリアものを買ってきますよ」ってことで古舘さんからお金を預かってて、若干その金額と買ってきて渡したものとの釣り合いがよくなかったのか、そんなはずはないと思ったんだけど、それが古舘さんにはカチンときたらしくて。「これ、安いやつじゃねえか？」みたいな。

――えっ、全部の話が本当に怖いんですけど……。

大久保　古舘さんに金額に相当しないイタリアものを俺がチョンボしたのかっていう。そんなつもりはなかったんだけど、もしかしたら4、5万チョンボしたのかもしれないし（笑）。

――その言い方はチョンボしてますね（笑）。

大久保　ジョルジオ・アルマーニじゃなくてセカンドラインのエンポリオ・アルマーニを持って行ったのがカチンときたのかな？　なんかね、やっぱり自分用のほうがいいやつをほしかったから。「俺のはこっちがいいな」みたいなさ（笑）。

――自分はジョルジオを買って帰って。それは怒られますよ（笑）。

大久保　結婚式の司会もしてもらっておいてね、本当によくないよね。まあ、古舘さんはもうなんとも思っていないにしても、俺はきちんと1回どこかで謝りたいですよね。こうやって、ずっと古舘さんのことを思いながら一生懸命にがんばってきたんで。

――それは本当ですか？

大久保　いや、古舘さんをテレビで見ると「ああ、古舘さんだ」ってなるもんね。

――それはボクらもテレビで見て思います（笑）。

大久保　余談になるけど、古舘さんが『夜のヒットスタジオ』の司会をやってたでしょ。それで（忌野）清志郎さんが「オマンコ野郎！」って言ったことがあったでしょ。

――あの有名な。ザ・タイマーズで出たときですよね。

大久保　あのとき俺は現場にいたんだよ。仕事じゃなかったんだけど、当時担当だった東芝ＥＭＩのディレクターが「行かない？」って誘ってきたから。それでふたりでモニターを見てて、あのＦＭ東京のやつはツアーでもよくやってたの。それであの日やる曲の全部の曲名が台本に書いてあったんだけど、真ん中に「新曲」って書いてあったわけ。「怪しい……」と。

――「新曲なんてあったか？」と（笑）。

大久保　それでイントロが鳴った瞬間に、ＥＭＩのディレク

ター「ああ……」ってなって。

――アハハハハ！「これ、絶対オマンコって言うじゃん……！」って（笑）。

大久保　でも生だもん。止めらんないよ。あれはおかしかったね。

「矢沢永吉さんと高中正義さんと仕事ができたっていう達成感もあって、張り詰めていたものが切れちゃった」

――あと、大久保さんは矢沢永吉さんにもしくじっていらっしゃいますよね……？

大久保　ああ、うん。それね。俺がスタイリストを始めて10年ってときで、その当時でとにかく難攻不落な人、絶対にスタイリストが入り込む余地はないと思われていた人が矢沢永吉さんだったわけ。だから、もし矢沢さんのスタイリングをすることができたら、俺はもうこの仕事を辞めてもいいなと思ってたの。

――それはゴールにふさわしいと。

大久保　そうしたら矢沢さんのスタイリストをやれることになって。最初に『月刊プレイボーイ』の撮影をLAでやって、その次にツアー衣装もやったりして。

――めちゃくちゃ凄い話ですよね。

大久保　もう夢のようだった。それで矢沢さんをやってるところに今度は高中正義さんの仕事も来ちゃったわけ。高中さんも俺のなかでギターヒーローで、いまでもツアーの衣装をやってるんだけど。それで矢沢さんをやって、高中さんもやったから、そこで張り詰めていたものがポーンと切れちゃった。

――本当に気持ち的にゴールテープを切っちゃったというか。それでマイアミで逃走しちゃったんでしたっけ？

大久保　高中さんのジャケット撮影がマイアミであったわけ。その次はLAでダイアン・レインと自動車のCMの撮影をやるスケジュールだったんだけど。

――クルマのCMにハリウッド女優って、かなり大規模な仕事ですよね。

大久保　もう当時はバブルだから、そういう大きな広告の仕事って大名行列だったわけ。宣伝だけじゃなくて営業の人間もついてくるし、その奥さんたちも連れてくるみたいな。それでいいホテルとか泊まってさ、もう観光気分みたいな撮影なわけ。「なんか、だっせーな。このあと、あのサラリーマンたちのところに行かなきゃいけねえのか。嫌だな」ってなって。

――マイアミ滞在中にそう思ったわけですね。

大久保　あまりにもそのときのマイアミの撮影とか風景が素晴らしすぎたから。だからもう矢沢さんと高中さんと仕事ができたっていう達成感もあるし、そんなLAの大名行列には行きたくねえやってなって。それとホテルの部屋をパッと見たときに「これ、俺ひとりで持ってきてる服の量じゃねえよな。よくやってきたな」と思って、その瞬間に張り詰めたものが切れた。「ああ、もういいや」と思って、電話線をポンと抜いて、そっからただひたすら3日間くらいビーチで寝てた（笑）。

——でもなんか、わかる気がしますね。忙しすぎるし、嫌な現場も待ってるし、もう音信不通になりたいみたいな。

大久保　それで3日間くらいマイアミにいて、「これ、絶対にひどいことになってるよなあ」と思ってLAに電話をしたら、ひどいことになってるの（笑）。それで戻ったら、すぐにLAとか日本とか、もういろんなところから訴えられた。でも、それもめんどくさいから「ああ。はいはい」って交渉もしないで全部支払って。

——もう、どうだっていいんですよね（笑）。

大久保　それでね、失踪して戻ってきたとき、当然みんなは俺が薬物でドロドロになってる姿を想像しちゃってるわけ。もともとそういうイメージだったから（笑）。そうしたらマイアミビーチで3日間真っ黒に焼いてきたもんだから。

——めちゃくちゃリフレッシュしてて、最高にコンディションがいいぞと（笑）。

大久保　だから迎えに来た人たちが「えっ？」ってビックリしてるんだよね。

——「えっ、全然病んでないじゃん」みたいな。

大久保　素足にローカットのウエスタンブーツを履いててさ。

——「余裕だよ」と（笑）。

大久保　余裕、余裕（笑）。

——ただ、そういうトラブルを起こしてしまったことで、その後、矢沢さんからお声がかかることはなかったという。

大久保　そう。矢沢さんに関しては、俺は凄く信頼されたスタイリストだったの。矢沢さんにも「俺のスタイリスト」っていう感覚があったわけ。それが「こんなことをしでかしちまって、この野郎」みたいな。

——「俺の顔に泥を塗りやがった」みたいなことですよね。

大久保　ということだったと思います。

「俺、写真集の撮影で猪木さんのスーツを作ったことがあるよ。そこでもさ、俺は大変失礼なことをしてるわけ」

——そのあと偶然、矢沢さんと再会したんですよね？

大久保　出会った。LAの居酒屋で。

——そんなところでばったり会うことがあるんですね。「あっ」ってなりますよね。

大久保　なった。あの居酒屋はなんだっけな、名前は忘れたんですけど、友達とカウンターに座ってて「ここさ、矢沢さんがよく来るんだよ」「あっ、そうなんだ？」とか話してたら、本当に矢沢さんが来ちゃったんですよ（笑）。それでスーッと俺らのうしろを通りすぎて、店の奥にあるトイレからいちばん近いテーブルの席に矢沢さんがこっち向きに座ったわけ。

――店全体が見渡せる位置ですね。

大久保　それで、やっぱおしっこをしたくなるじゃないですか（笑）。それで、おしっこをしにトイレに行くときに「すみません」みたいな感じで会釈だけして。

――もちろん矢沢さんには認識されていますよね。

大久保　それは当たり前。「大久保がいた」みたいな。その日はそんな感じで終わったんだけど、そうしたら帰りの空港で荷物を待っているときに「あれ、あそこに矢沢さんがいるよ」ってなって。

――同じフライトだったんですね。

大久保　そう。矢沢さんはファーストだから荷物もすぐに出てくるでしょ。だから先に矢沢さんがスーッと歩いてきたから、そこで「矢沢さん、どうも」って声をかけたんですよ。そうしたら矢沢さんが耳元で「センスはいいんだから」って。それだけ。

――あー。震える話ですね、それは。

大久保　できることなら、またいつか矢沢さんのスタイリングをやれたらいいなってずっと思ってる。

――一言「センスはいいんだから」って、ずっと耳に残る言葉ですね。

大久保　古舘さんと再会したときは「古舘さん、こんにちは」って言ったら、「スタイリスト、大久保！」って言われたんだけどさ（笑）。

――あっ、古舘さんとは和解というか、そんな感じに戻れているんですね。

大久保　まあ、許してくれてるかどうかはわかんないけど（笑）。

――古舘さんといえばアントニオ猪木ですけど、ボク、猪木さんはぶっちぎりでお洒落な人だったなと思っているんですけど。

大久保　あっ、俺、猪木さんの採寸をやったことがあるよ。

――あっ、そうなんですか？

大久保　猪木さんと倍賞美津子さんがさ、裏表ダブルで表紙の写真集で。

――あのモノクロの。『ＭＡＮＬＹ ＷＯＭＡＮＬＹ』ですね。

大久保　俺、あのときのスーツをやってるよ。

――猪木さんがふんどし一丁になったりとか、倍賞さんがセミヌードになってる写真集ですよね。

大久保　そう、あれ。そこでもさ、俺は大変失礼なことをしてるわけ。

――大久保さん、失礼する確率が１００パーじゃないですか（笑）。

大久保　あれの撮影をしたのが新日の納会みたいなところで。新日って、選手の家族とかもみんな来て慰安会みたいなことをやるでしょ?

――いまはやってないと思いますけど、昔はよくやってましたね。

大久保　家族もみんなでホテルに泊まって、海で遊んだりしてて。「ふんどしの撮影ができるのはそこしかないよ」ってことになって、そんな慰安してる場所に俺らみたいなのが突然押しかけて行って（笑）。それでやっぱ俺はすげえツッパってたから、「えっ、ふんどしの撮影？　自分、いらないっすよね？」って。

――「ふんどしはあるよね。それ、俺じゃなくても締めれるよね」みたいな。

大久保　「じゃあ、俺、今日は帰ります」ってそのまま帰っちゃった（笑）。

「俺は猪木さんにヘッドロックをやられた瞬間に目の前が真っ暗になった。それで猪木さんが『このままやったら死にますよ』って」

――ウソでしょ……。現場には行かれたんですよね?

大久保　行った。でも撮影の現場には立ち会わなかった。いや、そのとき仕切ってるのがあまりよくなかったのよ。

――ああ、やっぱ一緒に仕事をする人なんですね。

大久保　そう。だから「聞いてないよ、俺、こんなのは」って。だってさ、「食事は用意しますから」って言われて行ったら、選手たちに混じって食べるんですよ?「あっ、すみません……」とか言いながらさ（笑）。たぶんそのときに印象的だったのが、山本小鉄さんとまだ髪の毛がちゃんとあった武藤（敬司）さんもいたな。その頃だから武藤さんはまた下っ端だったのかな。俺が「すみません、失礼します」って言ったら、「あっ、社長の?」みたいな感じで言われて、それでこうやってお酌とかするでしょ。

――「こっちは仕事で来てんだけどな」ってなりますよね。それは仕切りがよくないですね。

大久保　そうしたら小鉄さんに「あっ、俺は飲まないから」って断られるし（笑）。「俺はなんでここでメシを食わなくちゃいけないのか」と思って。

――「なんで緊張しなきゃいけないんだ」と（笑）。

大久保　でもホテルで選手たちがボウリング大会をしてる姿とかはおもしろかったよ。みんなすげえパワーで投げてるの（笑）。でもまあ、担当のスーツだけはバチッとやりましたよ。カッコいいのを作って。それでね、ふんどしを撮った日ではない別の日にホテルの朝メシを食おうと思って行ったら、猪木さんがひとりでモーニングステーキを食ってたのね。まわ

りを見渡しても猪木さんしか座ってないし、そこで端っこに座るのもあれだから「よろしいですか？」って猪木さんの隣に座っちゃって。

――なかなか気まずいですね（笑）。

大久保　そこでよせばいいのにさ、俺、「タイガーマスクって凄いですね！」とか言っちゃって（笑）。そうしたら「天性のものがある」っていうニュアンスだったね。

――あっ、猪木さんの答えがですか？

大久保　そう。タイガーマスクは天性の才能だって。

――ああ、ビックリした。猪木さんの大久保さんに対する印象かと思いましたよ。大久保さんも四次元殺法ですからね（笑）。

大久保　そのときも「なんでその時間帯に俺はメシを食いに行っちゃったんだろ……」と思ってさ。だって猪木さんがひとりでいるんだもん（笑）。

――早起きふたりが並んで朝からステーキを食って（笑）。

大久保　で、そのときのロケバスの兄貴がけっこういかつかったわけ。それでコーディネーターをやってるおっさんが「猪木さん、なんかコイツにちょっと技をやってみてくださいよ」みたいな。「またコイツ、バカなことを……」って思ったんだけど、それでそのいかついヤツを猪木さんがグッとベアハッグみたいに持ち上げたの。そうしたらそいつが一瞬にして

「ギャー！」とか言ってうずくまっちゃって。そうしたら「篤志にもやってくださいよ」とか言いやがって、俺は猪木さんにヘッドロックをやられたわけ。そうしたらさ、ここ（頬骨）にグッとやって。

――頬骨のところに手の甲をあてるやつですね。

大久保　そうそう。それでキュッと締められた瞬間にさ、バーンと目の前が真っ暗になったんだよ。それで猪木さんが「このままやったら死にますよ」って言って、あわててサーッと引いたんだけど、あの痛さというか一瞬で入っちゃうのは凄かった。

――あれをやられると目の前が真っ暗になるんですか？

大久保　一瞬にして真っ暗になった。ヤバかった。

――なんか全部のエピソードがおもしろくて、もっと早く大久保さんにお話を聞きに来るべきでした（笑）。

大久保　いやいや（笑）。俺も格闘技は大好きだから。

――大久保さんはバンゲ恵比寿に通われているんですよね？

大久保　そう。バンゲは今年で14年目。まず、俺は格闘技全般を見るのが凄く好きだから、ボクシング、キックボクシング、プロレス、それとMMAも。だけどちっちゃいときにお父さんと一緒に見てた大場政夫さんが印象的で、チャチャイ・チオノイ戦とか。あとハンマーパンチの藤猛さんなんかも好きだったからやっぱボクシングが好きで。プロレスだと猪木さんとタイガーマスク、藤波vs長州の名勝負数え唄とか。

――大久保さんの世代はボクシング好きが多いですよね。

大久保　そうかもね。で、いまボクシングをやってる武居（由樹）選手は『ザ・ノンフィクション』のときから見てるのよ。

――母ちゃんの財布からお金を盗ってた頃から（笑）。

大久保　そうそう。だからK－1を見たときに「えーっ、あのコじゃん！」ってなって（笑）。あと最近のボクサーだと岩田翔吉くんとかも応援してる。

――それで「俺もちょっと身体を動かすか」みたいな感じになったんですか？

大久保　バンゲは友人の紹介もあって、ちょっと興味あるなと思って。それまではずっとゴールドジムで筋トレをやってたんだけど飽きちゃってたから、いまはあそこに行ってミット打ちをやるっていうのが毎週土曜日のルーティンになってる。

「けっこうお気楽で来てるから、なんでも極限になるまで放置なんだよね。それが悪いのは自分でもわかってるの」

――大久保さんはずっと第一線でご活躍されていて、楽しい遊びもいっぱいされてきたでしょうし、忙しすぎる人生だったでしょうね。

大久保　そう。だから結婚生活なんか一瞬にして終わったよ（笑）。

——結婚式のときから乗り気じゃなかったわけですもんね（笑）。結婚生活は何年くらいだったんですか？

大久保　ええっとね、子どもが生まれて小学校に上がる前に離婚した。

——じゃあ、6、7年とかですかね。

大久保　そう。ひどい父親ですよ。

——結婚生活は全然ダメでした？

大久保　まったくダメ。毎日遊びに行ってた。だって楽しいんだもん。それこそ六本木にトゥーリアっていうディスコがあったでしょ。

——照明が落下して、たくさんの死傷者が出たところですよね。

大久保　うん。あそこなんか毎日のように行ってたの。「絶対にこの照明は落ちる」と思ってたもん。

——えっ、思ってたんですか？

大久保　「こんなの、こんな細いワイヤーだけでおかしいだろ」っていつも思ってた。たまたま、その落ちた日は行かなかっただけ。

——その後、ご結婚は？

大久保　してないです。ずっと独身。その都度、付き合ってる人はいらっしゃいますけど、俺はその付き合う人たちのセンスがあまりよくないみたいで。

——そこのスタイリングもバッチリではないんですか？

大久保　ダメなんですよ。みんな超アバズレ、アバズレで（笑）。

——みんな同じタイプなら、それは大久保さんの好みがそうだってことですよね（笑）。

大久保　なんなのかなあ？　なんかいろいろダメなんですよ。何度も何度も死にかけて、よく生き残ったな、よく消えなかったなって思ってる。ただ服とかカルチャーが好きなだけでね。でも、いまがいちばん大変なことが重なってるときだからね。

——いまがいちばん大変ってどういうことですか？

大久保　体調がね、べつに隠すことじゃないから言っちゃっていいか。去年の夏くらいから急に夕方になると呂律が回らなくなったり、足がガクガクになっちゃうわけ。それで目の焦点が合わなくなって、携帯を見てても「あれ？」っていうような。

——えー？

大久保　それで頭のＭＲＩとかも全部やったんだけど、何も異常がないと。だけど目がおかしいと思って眼科に行ったら、そこの若い女の先生がお手柄で「重症筋無力症」っていう難病だってわかったわけ。

——えっ、難病なんですか？

大久保　筋肉がすぐに疲れたり、ものが二重に見えたりする難病なのよ。それでちょうど先週病院に行ってきて、治療法はステロイドを飲んでいくっていう。

――難病指定だから、完全な治療法っていうのが見つかっていないってことですよね。

大久保　ない。だから「一生治りません」って言われたの。

――ちょっとでも症状を抑えるとか、進行を遅らせるっていうことをやるしかないみたいな。

大久保　それでステロイドを飲み始めて明日で1週間。明日また病院に行くんだけど、「1カ月もすればだいぶラクになりますよ」とは言われてるから。だから今日も、じつはこの取材が始まる前とかはヤバかったの。でも、こうやってしゃべってたらべつに平気でしょ？　これで帰ったらまたガクンと疲れちゃうと思うけど。

――まったく気づかなかったです！　だいぶ調子を崩してて、これくらいのエネルギッシュな感じなんですね（笑）。

大久保　いやいや。本当にひとりになったらさ、俺も68になってこんなことになることなんてないなと思ってる。それで眠れなくなったりね。「俺ってなんてバカだったんだろ……」って思いながらさ（笑）。けっこうお気楽で来てるから、なんでも極限になるまで放置なんだよね。それが悪いのは自分でもわかってるの。だから結婚にしてもそうだし、古舘さんにしても長州さんにしてもそうでしょ。

――「いつか謝りたいなあ」くらいで、すぐには謝らないですもんね（笑）。

大久保　まあ、なんかすべて流れでそうなっちゃったんだよ（笑）。ところでこれ、ちゃんと俺のインタビューは載るんですか？

――ちゃんと載りますよ！　ボクはバックレませんから（笑）。

大久保　そうなんだ。たいしたもんだねえ。

大久保篤志（おおくぼ・あつし）1955年生まれ、北海道出身。スタイリスト。
1978年に上京し、文化服装学院などを経てオンワード樫山に契約社員として入社する。同社を退職後、雑誌『POPEYE』編集部を経て1981年にスタイリストとして独立し、『anan』などの雑誌、広告、音楽アルバム、俳優やミュージシャンなどのスタイリングを幅広く手がけ、常に、そして現在も第一線で活躍している。また2024年春より仲間たちと新たなアパレルブランド"LASTMAN"をスタートする。YouTubeチャンネル『OKUBOMEGANE』やInstagramにて、ファッションライフスタイルも発信中。

HENTAIZADANKAI

玉袋筋太郎の変態座談会

TAMABUKURO SUJITARO

“THE WRESTLER”

KATSUYORI SHIBATA

柴田勝頼

新日イズム、プロレスとは何か?を
クソ真面目に考え実践してきた25年
ザ・レスラーが新日本二度目の退団
そしてアメリカAEWと電撃契約!!

収録日:2024年1月7日　撮影:タイコウクニヨシ　写真:保高幸子　構成:堀江ガンツ

[変態座談会出席者プロフィール]
玉袋筋太郎(1967年・東京都出身の56歳/お笑い芸人/全日本スナック連盟会長)
椎名基樹(1968年・静岡県出身の55歳/構成作家/本誌でコラム連載中)
堀江ガンツ(1973年・栃木県出身の50歳/プロレス・格闘技ライター/変態座談会主宰者)
[スペシャルゲスト]柴田勝頼(しばた・かつより)
1979年11月17日生まれ、三重県桑名市出身。プロレスラー。新日本プロレス所属。1998年3月に新日本プロレスに入門。1999年7月にプレデビュー、同年10月10日、井上亘戦でデビュー。K-1ルールでの天田ヒロミ戦や、新闘魂三銃士、魔界倶楽部の一員として脚光をあびるが、2005年1月に新日本を退団。ビッグマウス・ラウド、総合格闘技で武者修行をおこなったのち、2012年に桜庭和志とともに新日本参戦。第10代&12代NEVER無差別級王座戴冠などを経て、2017年4月9日、IWGP王者オカダ・カズチカに挑戦。激闘の末に敗れた試合後、病院に救急搬送されて急性硬膜下血腫と診断され手術を受ける。そのまま長期欠場に入り、2018年3月に新日本プロレス・ロサンゼルス道場が新設されてヘッドコーチに就任。後進の育成と自身のトレーニングに励む日々を送っている。2022年12月28日、『INOKI BOM-BA-YE×巌流島 in 両国』でトム・ローラーとUWFルールで対戦しグラウンド卍固めで勝利。2023年、新日本のロサンゼルス道場がNJPW ACADEMYに改組されることに伴いヘッドコーチを辞任。専属フリーの状態でROHやAEWに出場する。同年12月24日、新日本との契約を終了し、AEWへの入団を発表した。

「無論不安もあるよ。だけどやっぱり『踏み出せばその一足が道となる』っていうアントニオ猪木の〝道〟だよな!」(玉袋)

ガンツ 玉さん! 今回の変態座談会は、昨年12月いっぱいで新日本プロレスを退団して、AEWに移籍した直後の柴田勝頼選手に来ていただきました!

玉袋 いやあ、うれしいねえ!

柴田 自分も呼んでいただいてうれしいですね。

玉袋 でもAEWに移籍して最初の仕事が変態座談会でいいのかっていうね(笑)。

椎名 しかも2024年の仕事始めで(笑)。

玉袋 で、柴田さん。いきなりなんですけど、円満(退団)なんですか?

柴田 わかんないっす(笑)。いちおう菅林(直樹)会長にはちゃんと話をしたんですけど、新日本からのアナウンスがほぼないっていう。

ガンツ そういえばそうですね。

柴田 けっこうふわっとしてるんですよね。でも、まあいいやって。

玉袋 棚橋新社長からは何かメッセージはなかったんですか?

柴田 本当はもっと前に退団は決まっていたんですけど、新日本から「発表のタイミングをちょっと待ってくれ」って言われてたんですよ。なので黙っていたんですけど、ちょうどそのときに道場で棚橋くんに会ったんで「もう俺、年内いっぱいで新日本を辞めるから」っていう話を彼には伝えたんです。そうしたら「じつはボク、社長になるんです」って言われて。

ガンツ お互いが発表前の重大報告会になっちゃって(笑)。

柴田 だから、そのタイミングで道場で会えてよかったなって。それがなかったらギクシャクしていたかもしれないですね。また(笑)。

ガンツ お互いに「アイツは俺にも知らせなかった」みたいな感じになって(笑)。

柴田 そういう誤解というか、すれ違いが起こっていたかもしれない。でも今回はしっかりと意思疎通ができて、そのときに「新年が明けてから会おう」っていう話もしているんで大丈夫なんですけど。新日本からは12月に「発表を待ってくれ」って言われていて、AEWのトニー・カーン(社長)からは「1日でも早く発表したい」って言われていて。

玉袋 その板挟みだったわけか。

柴田 それでようやくゴーサインが出たと思ったら、前日に棚橋くんの社長就任発表があって(笑)。

ガンツ 柴田選手退団の話題を打ち消すかのように(笑)。

柴田 まあ、新日本は先に棚橋くんの社長就任を良い情報として出したかったのかもしれないですけど、わからないですね。

玉袋　複雑だよね。でも人生の大きな選択をした直後に柴田さんがここに来てくれたっていうのがうれしいよ。

椎名　玉さんと柴田選手は〝円満退社〟同士で（笑）。

玉袋　俺はどうだったかな？　忘れたよ！（笑）。俺の場合は「達者でな」の一言だけで出てきたから。

ガンツ　どちらの会社もカリスマ的な創業者がいなくなったあとで（笑）。

柴田　新日本と一緒じゃないですか！（笑）。

玉袋　でもまあ、それぞれの人生だからさ。無論不安もあるよ。だけどやっぱり「踏み出せばその一足が道となる」っていうアントニオ猪木の『道』だよな。

柴田　まさにいま自分も同じ気持ちですよ。行けばわかるさ！

玉袋　ありがとー！（笑）。

ガンツ　闘魂のかけらを携えて旅に出るということですね。

玉袋　そういうことだよな。猪木イズムだよ。だけど旅に出るって柴田さんは外国だもんね。そこが凄いよな。

「このままじゃプロレスが壊されると思った。ここからは自分のプロレスに集中したい。もう他人の面倒をみたくない（笑）」（柴田）

柴田　でも不思議なご縁があったのは、去年のＡＥＷシアトル大会で猪木さんのメモリアル的なことをやったんですよ。新日本からはほぼ選手が来てなくて自分だけが出たんですけど、そこに猪木さんの娘さんの寛子さんと孫たちが来ていて、少しお話をさせていただいたことがきっかけでご家族との交流が生まれて。

玉袋　そうだったんですね。

柴田　寛子さんはＬＡに住まれていて、自分も去年までは日本とＬＡを往復していたので「もしよかったらお線香をあげに来てください」と言われて、行かせてもらったんですね。そのときに自分が「じつはまだ猪木さんのお墓参りに行けてなくて」という話をしたら、寛子さんが「あっ、いいの、いいの。お骨はここにあるから」って。お骨はお墓じゃなくて、まだ寛子さんのご自宅にあったんです。

玉袋　猪木像がある横浜のお墓にも、青森のお墓にもないのか。まあ、極真空手みたいなもんかな。遺族派とかいろいろ分かれちゃって。

柴田　それを凄く嘆いてましたね。

玉袋　家族としてはそれはちょっと嘆くよな。まあ、俺たちファンも含めて、それぞれが猪木さんに対して「ありがとうございました」っていう気持ちを持っていればいいのかな。

柴田　それぞれの気持ちだと思うんで。

ガンツ　柴田選手がアメリカに拠点を移すきっかけになった

のは、元を辿ると7年前のオカダ・カズチカ戦（2017年4月9日、両国国技館）の試合後、控室で倒れて緊急搬送されたことですよね。

柴田　そうですね。もう7年近くにもなりますか。

玉袋　だけどさ、緊急開頭手術をして生存率何パーとか言われていたなかで奇跡の復活を遂げたわけじゃないですか。

柴田　生存率18パーセントだったたって、あとから聞きましたね。

玉袋　凄いことですよ。

椎名　試合の途中、その兆候は全然なかったんですか？

柴田　なかったですね。試合が終わってから右半身に力が入らなくて、手がぶらんぶらんしていたんですよ。それで控室まで戻れずにバックステージで倒れて病院に運ばれて。

椎名　その試合のダメージだったんですかね？

柴田　蓄積ですね。当時、ずっと休みがなくて。あのスケジュールはもうちょっと考えたほうがいいですね。ひとりの選手にかける負担っていうのが凄く大きいので。

椎名　去年やった対談で、天龍さんも「新日本はこきを使う」って言ってましたね（笑）。

玉袋　ファンはどれだけ選手に負担がかかるかわからないから期待を乗っけちゃうけど、会社側がそこは改善しなきゃいけないところですよね。企業も変わっていくっていう時代なんだからさ。でも開頭手術から奇跡の復活というのは、勇気づけられる人も多いと思いますよ。

椎名　しかも、アメリカのメジャーな団体からのオファーが来るようになるわけですもんね。

柴田　当時は、まさか自分がAEW所属になるとは思わなかったですね。でも、なるべくしてなったというか。あのオカダ戦の翌年から新日本のLA道場でコーチをやらせていただいてたんですけど、それも2023年1月にふわっとなくなったんで「もう俺、新日本でやることがないな……」ってなっちゃったんですよ。試合もできないし、LA道場もないし、新日本と契約は残っていたけれど「これ、なんの契約になったの？」っていう。そんななかでトニー（・カーン）から「ずっといてほしい」って言われて、「試合がしたい」という自分の意見と一致したんです。

ガンツ　LA道場は何年やられたんですか？

柴田　5年くらいやりましたかね。最後のほうはよくわからない感じになってましたけど。あっちで仕切っているのは、新日本の親会社から出向で来てる人なんですけど、それがちょっとヤバいですね。

玉袋　ヤバいんだ（笑）。

柴田　出向だから仕方がないのかもしれないですけど、プロレスにまったく愛がなくて、ただ上に報告するための数字だけを追ってる感じで。だから、いま新日本のアメリカ大会とかはいいものができないですよ。選手は試合でがんばっているのに。だってリングアナとか、居酒屋でバイトしていた人を雇ってますから。

玉袋　それは斬新なスカウティング活動ですな（笑）。

柴田　ビックリしたのが、場外カウントで「ワン、ツー、フォー」とか言っちゃってて。

椎名　数字も数えられなかったんですか!?（笑）。

柴田　「このままじゃプロレスを壊されるな」と思いました。自分はLA道場まわりに関しては、なんとか抗ってきたんですけど、話し合いの場もないまま道場が終わって。「いついつまでに寮を解約します」とだけ間接的にスタッフから聞いて……。

――まったく向き合うことなく、一方的だったんですね。

柴田　「あ、もう無理だな」って思いましたね。今後、二度と○○さんとは関わりたくないです。逆にあの人の起こした問題というか、爆弾を抱えきれないくらい持たされてしまったというか。でも結局、会社のためにも選手にも影響が出るから言えないという。だから柴田排除はあったと思います。闇です、闇。いろいろ知りすぎてしまいましたから……私（笑）。

――かつての草間政一社長以来の「知りすぎた私」になってしまったと（笑）。

柴田　きっと、そのうち大きな問題を起こしますよ。こういう話、きりがないくらいあるんですけど（苦笑）。身体を張ってる選手にだけは、悪影響を与えないところで起こってたってことだな。

玉袋　本社の目の届かないことを祈るばかりです。

柴田　だから会社のため、これからの新日本を背負って立つ若いヤツらのためにコーチをやってきましたけど、残念ながらそんな結末になってしまったので。いち選手に戻るチャンスだと思うようにしてプラスに考えています。ここからは自分でやれること、自分のプロレスに集中したい。もう他人の面倒をみたくない（笑）。

「プロレスラーの波乱万丈の人生ってのはいいね。通り一辺倒のサラリーマンみたいな生き方されちゃうと魅力を感じねえ」（玉袋）

ガンツ　外国人選手も含めて、だいぶ人材を育てて貢献しましたからね。

柴田　でも、結局は自分が一生懸命やってきたことが何も言われず、（LA道場出身者は）みんなヒールのほうに行っちゃうんですよ。そんなつもりはないのに「ヒール製造機」みたいなことまで言われて（笑）。

玉袋　ストロングスタイルの選手を育てたはずなのに（笑）。

柴田　べつにいいんですよ。それぞれがどういう形で活躍しようが。でも、こっちはそういうつもりでやっていなかったというか。そうやって自分が携わってきたものすべてにおい

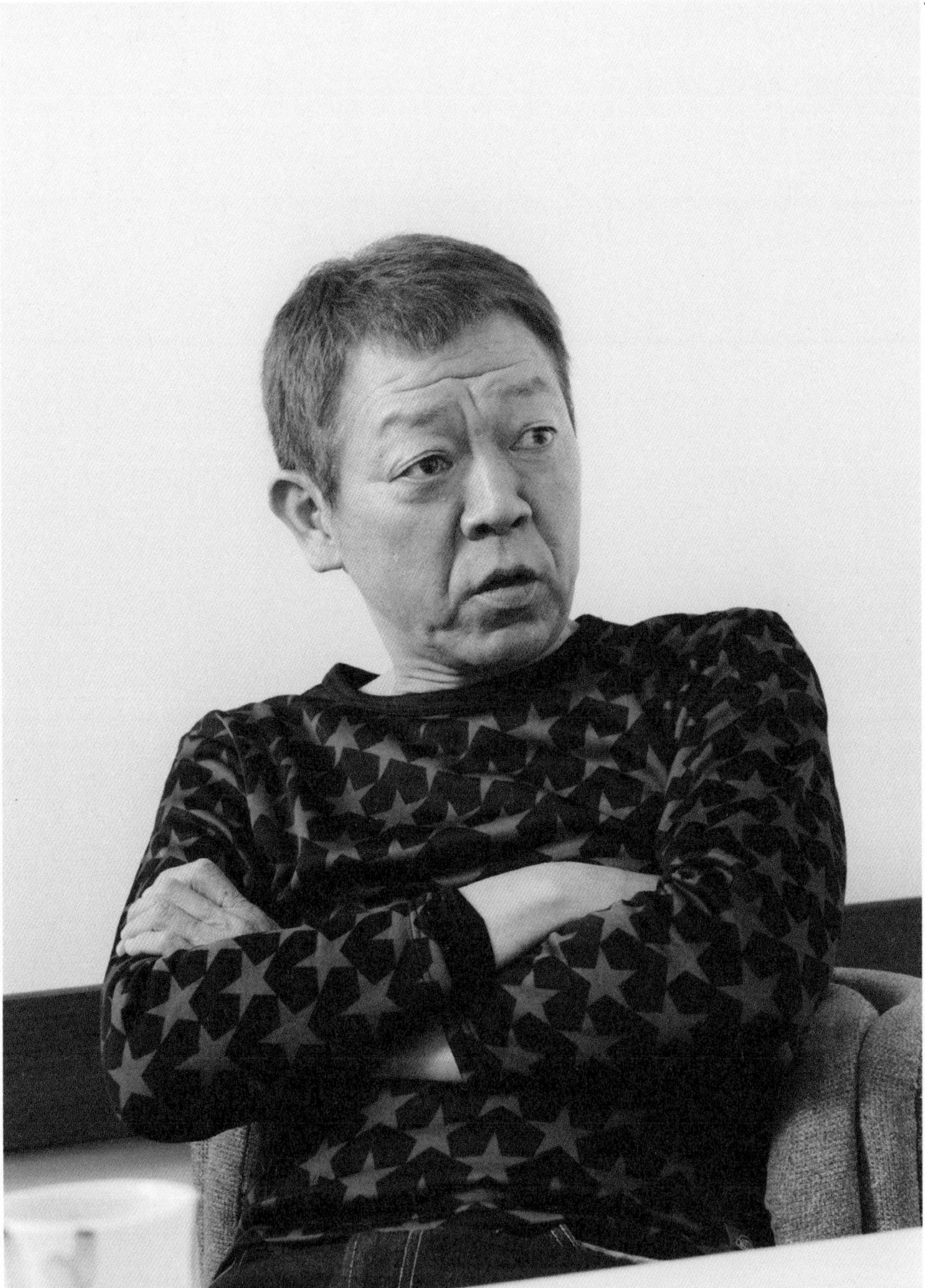

て蚊帳の外というか。
ガンツ　特に成田蓮選手とか、こだわっていたはずのストロングスタイルをそんなにあっさり捨てていいの？　って。
柴田　だからどうでもいいですね。もう自分のことをやっていこうと思います。
玉袋　「人に迷惑をかけない自分勝手」っていうのがいちばんいいと思うんですよ。俺もそうなんです。人には絶対に迷惑をかけねえけど、俺は自分勝手に生きるぞっていう。
柴田　それはいいですね。自分のケツは自分で拭くっていう。
玉袋　そうそう。「アイツ、自分勝手だな」って言われると人に迷惑をかけてるようなイメージがあるんだけど、人に迷惑はかけない。でも俺は自分勝手にできるって決めるとさ、意外と腹が据わるよね。
柴田　だからこれからは、もう自分のことだけをアメリカでやっていこうかなと思ってます。
玉袋　それでいいと思いますよ。
柴田　あと日本での活動としては、お世話になった天龍さんだったり、髙山（善廣）さんだったり、大谷（晋二郎）さんに関係する興行があれば、そこでＡＥＷの許可が得られてタイミングが合えば、ぜひ協力させていただきたいとは思っていますね。
玉袋　男気を感じるね。
椎名　やっぱり自分自身のためにやってくれないと、見ているほうも感動できないですよね。サラリーマンじゃないんだから自己表現してくれなきゃ。どのスポーツにおいても。
柴田　だからいま、試合を見ていても「みんな、どういう気持ちでリングに上がってるのかな」って思っちゃいますね。何をやりたくてリングに上がってるんだろ？　って。
玉袋　そういうクエスチョンだったり、ルサンチマンを抱えながら柴田さんは生きてきた気がするんですよ。言い方は悪いけど不器用に見えちゃうというか。会社とうまくやる器用なヤツはいくらでもいるわけだから。でも、そこが柴田さんの魅力でもあるんだよね。
ガンツ　思えば、デビュー5年で一度旅に出ていますからね。
柴田　だから今回で2回目ですね。2回目の退団（笑）。まさか2回辞めるとは思わなかったですけど。
玉袋　プロレスラーの波乱万丈の人生ってのはいいね〜。コクや味がある人のインタビューができるって、うれしいんだよ。いくら試合が素晴らしくても、通り一辺倒のサラリーマンみたいな生き方されちゃうと、なんか魅力を感じねえのが俺たちの世代だからさ。
椎名　生き様に惹かれるわけですもんね。
玉袋　そういう意味では、大ケガから復活しての今回のアメリカ本格進出っていうのは素晴らしいよね。

柴田　試合だけじゃなく、自分の人生がプロレスだと思っていますね。

玉袋　そういう星の下に生まれてきたわけだもんね。

ガンツ　新日本プロレス旗揚げメンバーを親に持つ、まさにストロングスタイルの申し子ですからね。

玉袋　生まれながらにしてだからね。俺だって、なんでスナックをやってるかって言えば、両親が昔スナックをやってたからだもんな。それは、なるべくしてだよ。芸人になったのはちょっと違うけどさ。

ガンツ　柴田さんが物心ついた頃は、もうお父さんはレフェリーだったんですよね？

柴田　レフェリーでしたね。残念ながら自分は、父親の試合映像をちゃんと見たことがないんです。

玉袋　だけど、お父さんの柴田勝久選手もずっと旅から旅でしょ。そりゃお父さんだって幼い我が子を抱っこしたいわけだけど、そういう稼業だからしょうがねえもんな。そして子どものほうも「ウチはそういう家庭なんだな」って思うしかないもんね。

ガンツ　当時、新日本のシリーズは1カ月とか1カ月半あって、家にいるのはオフのときだけですもんね。

椎名　お父さんがプロレスラーって、どんな感じなんだろうって思うんですけど（笑）。

柴田　どうですかね。でも、ほかの家庭とは違うっていうのはあきらかにわかってたんで（笑）。

ガンツ　お父さんの影響で、子どもの頃から身体を鍛えたりしていたんですか？

柴田　そういうのはあんまりなかったですね。たぶん、プロレスラーになってほしくないっていう気持ちと、なってほしいっていう気持ちの両方があったのかなって（笑）。

玉袋　わかる。それが親心だよ。でも80年代なんかだといまよりもプロレスがメジャーだから、お父さんがプロレスラーだとまわりから騒がれたんじゃないですか？

柴田　自分が小学2年生のときに三重の田舎のほうに引っ越したんですけど。授業参観の日、親父がひとり校庭を突っ切って校舎に向かってくるのが見えて、それをクラスのみんなが「うわーっ、デカい人が来た！」って騒いでたんですよ。そこから「ちょっと違う仕事をしてる親なんだろうな」って（笑）。

ガンツ　みんなプロレスラーの胸板に驚くんですよね。身長180センチの一般人ってたくさんいますけど、あんな胸板をしている人は一般社会じゃなかなか見かけないんで。

「玉さんも柴田選手も、プロレスラーになったりビートたけしの弟子になったりとか普通の道じゃないですよね（笑）」（ガンツ）

玉袋　そうなんだよ。あの胸板なんだよな。星野勘太郎さん

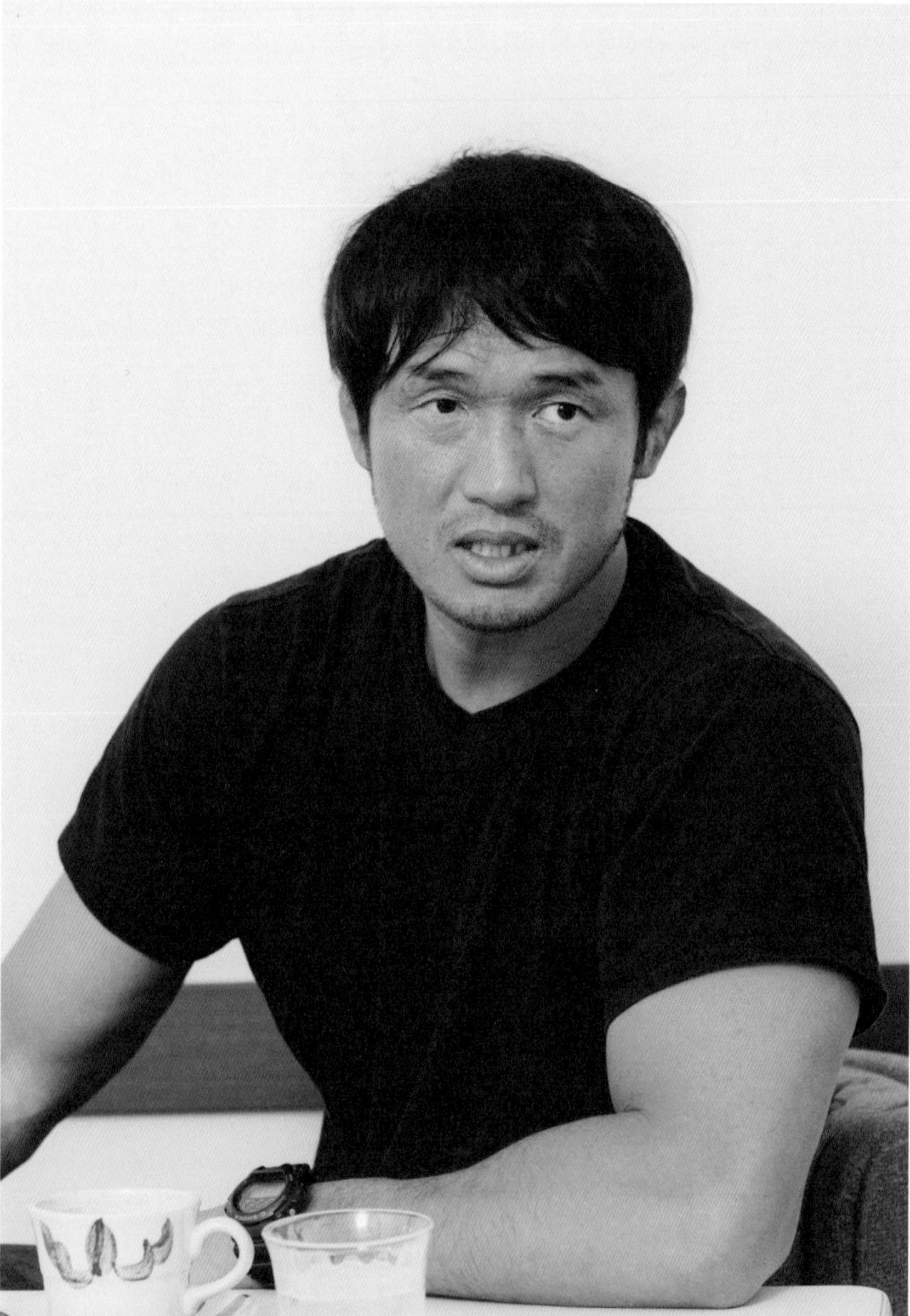

だって、山本小鉄さんだって背は低いけど、あの身体を見たら「うぉー！」ってなるもんな。

椎名 ミル・マスカラスがスーツを着てるときとか、上半身がもうピチピチだもんね（笑）。

玉袋 普通のサラリーマン家庭じゃないっていうのは、授業参観ですらわかるんだよ。俺のお母さんは授業参観のときに毛皮のコートを着てきちゃってさ（笑）。

椎名 ビッグマッチのガウンですね（笑）。

玉袋 俺はもう「やめてくれよ！　恥ずかしいよ！」って言ったんだけどね。授業参観に来るような格好じゃねえんだもん。だからそこはプロレスラーの家庭と通じるものを感じるな（笑）。

ガンツ 柴田選手自身は、いつ頃からプロレスラーになろうと思ったんですか？

柴田 もともと小学生の頃はみんなスポーツ少年団に入って野球とかをやっていたんですけど、自分はその頃、テレビで土曜の夕方に『ワールドプロレスリング』をやってたんで、それを見て腕立て伏せとかはやってて。その頃から、どこかで「俺もプロレスをやるんだろうな」っていうのはありましたね。それで中学生になって、放送時間帯が深夜になってからは見なくなって、一時プロレスから離れたんですけど。高校に入って身体を鍛えるために柔道をやろうと思っていたら、レスリング部の先生に「明日から来い」って言われて。

椎名 そりゃ、プロレスラーの息子が入学したらスカウトしますよね（笑）。

柴田 その先生が大学で永田（裕志）さんの後輩だったりして。ホント、自分はなるべくしてプロレスラーになったんだろうなっていう。

ガンツ しかも同級生に後藤洋央紀選手がいて。

柴田 そうですね。

玉袋 そりゃもう、なるべくしてなったんだろうな。お父さんに「プロレスラーになる」っていう話をしたのはいつなんですか？

柴田 本当は高校卒業後、推薦で福岡大学のレスリング部に行くことが決まっていたんですよ。だけど、その前に新日本が四日市に来たときに見に行ったら「早くプロレスラーになろう」と思ってしまって。それで親に「大学に行くのをやめて、プロレスラーになりたい」ということを伝えたら「わかった」ということで、親父と先生と3人で飛行機で福岡まで行って、大学の先生に「ごめんなさい」って謝ったんです（笑）。それから新日本の入門テストを受けるっていう。

玉袋 俺も同じような経験があるな。高校卒業前に三ツ矢サイダーに就職が決まってたんだけど、ずっと追っかけしていたウチの師匠に「おまえ、卒業したら俺んとこ来い」って言われたらさ、行くしかねえもん。それでお母さんとふたりでカステラを持って三ツ矢サイダー本社まで行って、「すみません！」ってやってきたよ（笑）。

柴田　境遇が似てますね（笑）。

玉袋　あれがもう気まずくてさ（笑）。

柴田　そうなんですよ。こっちがお願いして推薦してもらったのに「すみません！」って言うのが（笑）。

椎名　18歳で凄い人生の決断だよね。

ガンツ　しかもプロレスラーになるとか、ビートたけしの弟子になるとか、普通の道じゃないですよね（笑）。

玉袋　そうだよ。けもの道だもんな。よくメシを食えるようになったよ（笑）。

柴田　ホントですね（笑）。

玉袋　ホントありがてえ。感謝するよ。でも夢を抱いた世界とはいえ、鬼の棲家とも言われるあの道場での練習や生活に耐えるのは大変だったんじゃないですか？　上下関係とか理不尽なこともたくさんあるだろうし。

柴田　たくさんありましたね（笑）。

ガンツ　柴田選手が入門した頃の道場って、練習のヤバさがいまだに伝説になっている時代ですよね？

柴田　そうですね。コーチ陣が（笑）。

ガンツ　パワー・ウォリアーが君臨していた時代で（笑）。

玉袋　あー、そりゃダメだ！

柴田　自分と同期の井上亘が付き人で、巨大なスーツケースに甲冑を入れて運んでましたね（笑）。

椎名　あのイガイガ付きのプロテクター。すげえかさばりそう！（笑）。

柴田　巡業中、でっかいスーツケースを3つ持っていたんですよ。甲冑とかコスチュームのほかに、プロテインを飲むためのミキサーとかも持って歩いていて（笑）。

玉袋　そりゃ大変だよ。よく夜逃げしなかったと思うよ。

柴田　それと比べたら自分はラクでした（笑）。

玉袋　柴田さんは誰の付き人だったんですか？

柴田　自分は藤波（辰爾）さんの付き人だったんで、理不尽なことはなかったですから。たまに間違えて藤波さんから「西村ッ！」って呼ばれるくらいで（笑）。

「1・4橋本vs小川がきっかけで新日本の道場でもまた寝技をやるようになったんですか。そういうもんなんだ！」（椎名）

ガンツ　柴田さんは1998年3月入門で、入ってすぐにアントニオ猪木引退試合があったんですよね。

柴田　ちょうど1カ月後ですね。

玉袋　その頃か。4・4東京ドーム。それもまた凄いすれ違いですね。

柴田　自分が入ったばかりの頃、猪木会長が夕方によく道場に来られたんですよ。会長ひとりで道場を使われることもあって、練習が終わってシャワーを浴びたあと、付き人の藤田（和之）さんが鏡を持って、会長が髪をセットしていて。会長が道場に来られているときは、緊張と練習の疲れで凄かったですね。

玉袋　どんなに練習で疲れていても、シャキッとしてなきゃいけないわけですもんね。

柴田　それで藤田さんが鰻重を6つくらい注文したんですよ。てっきり会長が食べるものだと思ったら、藤田さんが自分で食べるための鰻重だったんですよ（笑）。

ガンツ　付き人が鰻重を大量注文！　さすが大物ですね（笑）。

柴田　横にいたら藤田さんが「柴田、食え！」って言うんですけど、自分は入ったばかりの新弟子じゃないですか。しかも会長が道場で練習をしている。そのタイミングで若手が鰻を食うってありえないじゃないですか（笑）。

玉袋　ありえないよ（笑）。

柴田　でも先輩からの「食え！」なので断るわけにもいかず、「いただきます！」って言ってガーッと1分くらいで食ったんですけど（笑）。

ガンツ　目撃されないように（笑）。

柴田　緊張しているなか、ほとんど噛まずに大急ぎで食ったので、会長が帰られたあとに全部戻しちゃって。それから15年くらい、自分は鰻を食えなくなりました（笑）。

玉袋　トラウマだよ（笑）。

柴田　ようやく最近食えるようになったんですよ、鰻（笑）。

玉袋　いい話だねえ。そこで鰻重を頼む藤田も藤田だよな。

ガンツ　大物すぎますね（笑）。

柴田　猪木会長や、みんなで食べるんだと思っていたら、ひとりで6つくらい頼んでて。

椎名　それを藤田さんは食べちゃうんですか？

柴田　ひとりで全部食べてるんですよ。「とんでもないところに入ったな」って思いましたね（笑）。

ガンツ　当時の新日本道場は、寝技のスパーリングもまたやるようになった時期ですよね。

柴田　ちょうど橋本（真也）vs小川（直也）戦のときだったんで。

玉袋　あー、あの1・4か。

椎名　あれがきっかけで寝技をやるようになったんですか？

柴田　練習内容がガラリと変わりましたね。みんな「これはヤバい……」ってなって。

ガンツ　「やらなきゃやられる」っていう危機感ですね。

椎名　そういうもんなんだ！　小川とあとは誰がいたんだっけ？

ガンツ　基本的にはUFOですから、小川直也、村上和成。
椎名　ジェラルド・ゴルドーも？
柴田　いましたね。
椎名　じゃあ、それに対抗するためにシュートの練習を強化したんだ。
ガンツ　それに藤田和之vsキモなんかもあって、UFC系の選手もいろいろ来ていた時代ですからね。
柴田　ちょうど凄いときに自分は入ったなって思いましたね。
玉袋　でも新日道場がそれに備えた練習になったっていうのは、なんかいいよね。

「強さを追い求めることも、エンターテインメントを追求することもどっちも素晴らしい。本来はその両方があったのが新日本」（柴田）

柴田　よかったと思います。それは絶対に必要なことだし、そもそも自分は高校のときに石澤（常光）さんと永田さんが練習に来てくれて、「大学に行くよりも早くプロレスラーになるべきだ」と思ったんですよ。
ガンツ　石澤さんと永田さんは、それくらい強かった？
柴田　強かったですね。大学にレスリングの出稽古に行ったときと比べてもレベルが全然違ったので。それを高校時代に肌で感じることができたので「大学での4年間がもったいない。将来プロレスラーになるなら、早くあの道場に入って練習して強くなろう」と思ったんです。
椎名　シュートの練習はカシンさんが中心でやられていたんですか？
柴田　合同練習でセメントやってました。
ガンツ　同じ道場生だった藤田さんが、PRIDEに出場して大活躍するわけですもんね。
柴田　凄かったですね。若手みんなで東京ドームまで見に行きましたよ。
玉袋　あのとき、藤田選手をPRIDEに出そうとして、ちょっとコワモテのおじさんがいつも新日の道場に電話してて、藤田選手は自分が電話を取っても「藤田はいません」って言ってたらしいんだよ。そうしたらコワモテのおじさんが偽名を使って電話したら「はい、藤田ですけど」って出ちゃってさ、「おい、藤田（PRIDEに）出ろ！」って言われて「はい！」って言っちゃったという（笑）。
ガンツ　アポロキャップの方ですね（笑）。
椎名　ジャニーさんじゃないほうの（笑）。
玉袋　力はそれぐらいあったけどな（笑）。
ガンツ　藤田選手のPRIDEでの活躍は、その後、柴田さんが格闘技の道へ進むことに影響を受けましたか？
柴田　いや、自分は石澤さんですね。

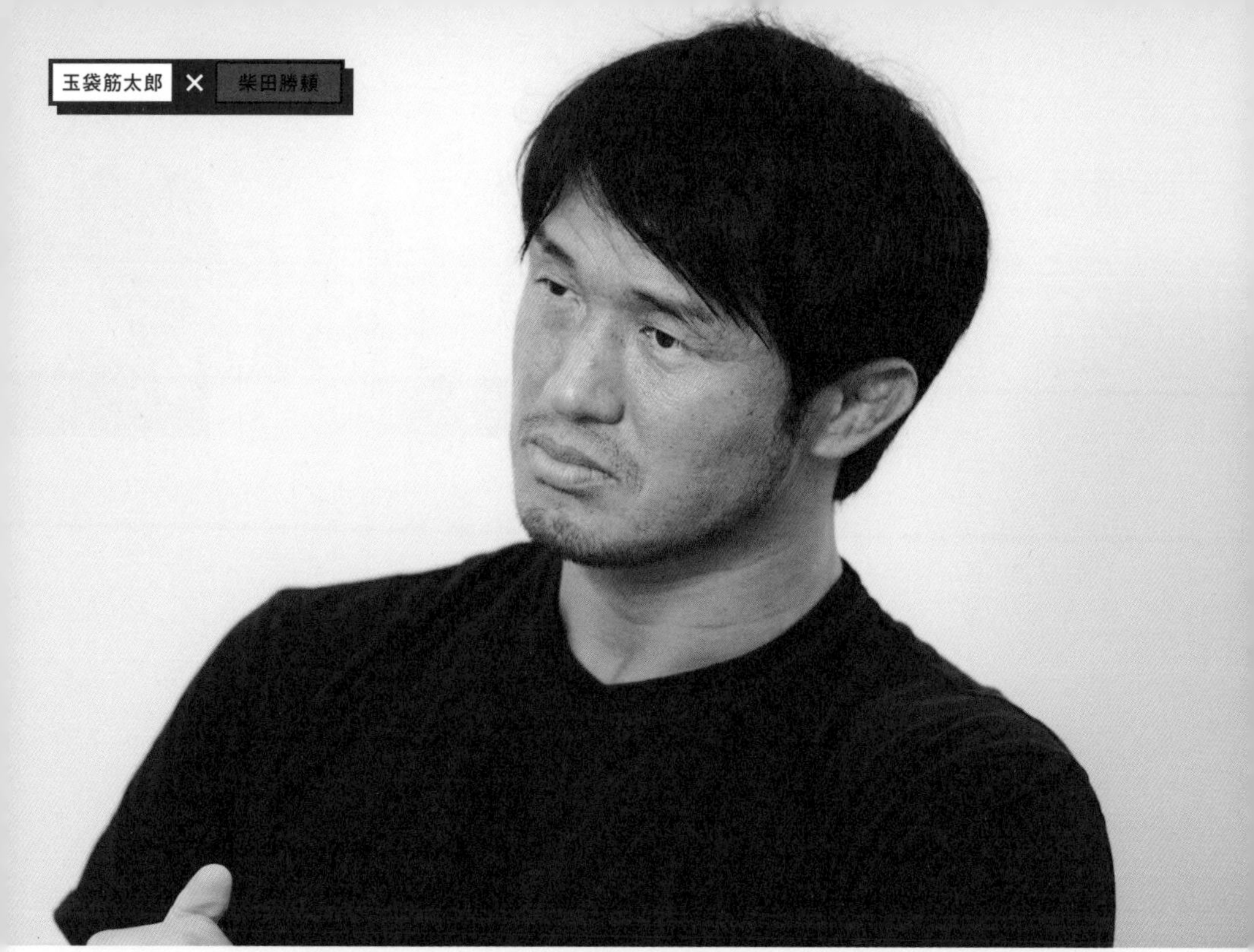

ガンツ　ハイアン・グレイシー戦ですか？
柴田　そうですね。あの強い石澤さんがやられて、もう凄くショックで。「他人事じゃない。新日本に入ったからにはやらなきゃダメだ」ってなりました。
椎名　もの凄いやられ方でしたもんね。パンチのラッシュでボコボコにされて。
ガンツ　しかも、あの石澤さんがタックルを取られてしまったという。
柴田　「まさか！」でしたね。
ガンツ　ハイアンが打撃でいくと見せかけてタックルという。レスリングと総合格闘技は違うっていうのが如実にわかるシーンで。
玉袋　ありゃもう一大事だぜ。あんな半グレのギャングにオリンピッククラスのアスリート出身の新日レスラーが負けちゃうんだから。
柴田　もうホントに一大事でしたよ。
玉袋　そりゃ、対岸の火事じゃなくなるよね。
柴田　でも、そこで危機感を持った人間と、そうじゃない人間とで分かれたんですよ。
玉袋　そうか！　そこで分かれたのか。
椎名　格闘技方面に行く人と、エンターテインメントに行く人に。
柴田　どっちも間違えていないと思うんですよね。スパッと割り切ってそっちを追求するのも素晴らしいし、それもまた新日本だと思うんですよ。でも本来は両方があった新日本が、そこでふたつに分かれちゃったんです。
玉袋　アントニオ猪木はどっちの要素も持っていたわけだもんな。
椎名　でも異種格闘技戦じゃなくて、バーリ・トゥードの時代になったら、それに専念しなきゃ勝てない時代になりましたよね。
玉袋　そうなんだよな。そうして普段はプロレスをやってる新日の選手たちが巻き込まれていくっていうね。
ガンツ　柴田さんが衝撃を受けた石澤vsハイアンがあったＰＲＩＤＥ西武ドーム大会が、アントニオ猪木のＰＲＩＤＥエグゼクティブプロデューサー就任のときなんですよね。それも象徴的で。
椎名　猪木問答はそのあと？
ガンツ　石澤vsハイアンが２０００年８月で、猪木問答は２００２年２月なので、１年半後ですね。

玉袋 その1年半でいろいろあったわけだろ。永田vsミルコ・クロコップとかな。
椎名 西武ドームで藤田さんはケン・シャムロックとやってなかった？
ガンツ シャムロックにTKO勝ちですね。
椎名 あとジャイアント落合が出てきて。
ガンツ そうですけど、全然関係ないです（笑）。
椎名 すいません（笑）。

「平成維震軍の人たちもみんな『あの頃がいちばん楽しかった』って言ってたけど、それは魔界倶楽部も同じだったんだな」（玉袋）

柴田 あの日、石澤さんの試合のあと、桜庭さんがヘンゾ・グレイシーとやってるんですよ。その後、自分は新日本を辞めてフリーを経て格闘技をやって、桜庭さんとも石澤さんとも試合をしてるんですよね。凄く不思議な縁を感じるし、ほかのレスラーは通っていない〝新日的なこと〟をひとりでやってきたなって思いますね。
玉袋 だから柴田さんからは昭和のライオンマークが見えてくるんだよ。猪木イズム的な生き方を選べばこっちだろっていうね。
柴田 最近気づいたことは、自分が考える「新日本はこうだ」っていう考えと、ほかの選手の考えが違っていて、自分が思っていた「新日本」というのは「アントニオ猪木」のことなんじゃないかってところに辿り着いたんですよ。そう考えると、凄く腑に落ちたんです。
ガンツ 柴田さん世代のほかの選手にとっての「新日本」は、きっと長州力が仕切って闘魂三銃士が活躍した90年代の「新日本」でしょうからね。もっと下の世代だと棚橋さんがトップのプロレスが「新日本」なんだろうし。
玉袋 そうなると、だいぶ違ってくるよな。
ガンツ 柴田さんは若いうちからK－1ルールにチャレンジしたりしましたけど、そんな新日本のレスラー、柴田さんくらいですもんね。
柴田 天田ヒロミ選手とK－1ルールでやりましたね。その前に中西（学）さんがK－1で試合をやったんですけど。
ガンツ そうだ、そうだ。TOAと（笑）。柴田選手がそもそもキックをやろうと思ったのはどういうきっかけだったんですか？
柴田 本格的にはほとんど誰もやっていなかったからですね。その頃、中邑（真輔）がもう総合のほうに行ってたんで、じゃあ、誰もやっていない打撃ルールをやろうと。あとは、そもそも石澤さんがパンチでやられてたんで、レスラーにもパンチが必要だなと思ったんですよ。試合で使う使わないは

柴田　そして総裁の（星野）勘太郎さんはやっぱりそういうのが大好きなので。
椎名　やっぱり星野さんはパンチのイメージだよね（笑）。
ガンツ　勘太郎さんはもともとボクシングですもんね。日プロに入ってからもリキジムでやってて。
玉袋　そっか〜。魔界はそういう集団だったんだな。ビッシビシと格闘技の練習を積むっていうね。
柴田　その試合のためにみんなが協力してくれましたね。安田（忠夫）さん以外は（笑）。
玉袋　安田さんは違う「勝負」に行ってたからな。競馬場か競艇場だろうな（笑）。
椎名　どっちも命がけですね（笑）。
玉袋　じゃあ、魔界は楽しかったんじゃないですか？
柴田　楽しかったですね。みんなで集まって試合のために練習をして。長井さんがミットを持ってくれたり、そこでの団結っていうのがありましたね。巡業では魔界倶楽部だけコースターっていうちっちゃいバスで移動していたのもおもしろかったです。高速のサービスエリアで勘太郎さんがトイレからなかなか出てこなかったとき、「おい、流されてるんじゃねえか？」とか言って（笑）。
玉袋　小さすぎて、便器に落ちて流されたんじゃねえかと（笑）。
柴田　別として、いざというときのためにパンチは身につけておかなきゃいけないっていう気持ちが強烈にあったんで。懐刀として。
ガンツ　柴田さんは天田ヒロミ選手からダウンを奪いましたもんね。結果はＴＫＯ負けでしたけど。
柴田　あの試合の前のドームの試合で、あばらが折れてたんですよ。べつにそれは言い訳とかじゃないですけど。病院に行ってあばらが折れてるっていうのがわかるのが嫌だったんで、病院には行かないで試合をして、あとで病院に行ったら折れてましたっていう（笑）。
ガンツ　天田ヒロミ戦の数カ月前に魔界倶楽部入りをしたじゃないですか。
柴田　そうですね。だからＫ－１ルールの試合をするのに魔界のメンバーも協力してくれましたよ。長井（満也）さんや柳澤（龍志）さんが。
玉袋　あー、そっか。
ガンツ　長井選手や柳澤選手はＵ系というだけじゃなく、キックルール、Ｋ－１ルールの試合を何度もやっている選手ですもんね。
玉袋　柳澤さんなんか、ビタリ・クリチコとキックルールでやってるんだもんな。
椎名　全日本キックに出ましたよね。

柴田　「おい柴田、見てこい!」みたいな（笑）。
椎名　赤ちゃんじゃないんだから（笑）。
玉袋　平成維震軍の人たちもみんな「あの頃がいちばん楽しかった」って言ってたけど、魔界倶楽部も同じだったんだな。
椎名　本隊と移動が別になると団結力が出るんですかね。

「プロレスで大切なのは長さより濃さ。初代タイガーマスクは2年ちょっとしかやっていないのに、いまだに強烈に残っているじゃないですか」（柴田）

玉袋　あんときのメンバーは誰だ?
ガンツ　星野総裁をトップに、長井満也、柳澤龍志、柴田勝頼、村上和成、安田忠夫ですかね。
柴田　あとはマシン、平田（淳嗣）さんですね。
ガンツ　あっ、平田さんもですね（笑）。
玉袋　最高じゃん。ただ、どうして「魔界倶楽部」って命名したのかっていう、まずそこがクエスチョンだったもんね。
柴田　上井（文彦）さんですね（笑）。
椎名　上井さんなんだ（笑）。
柴田　悪い大人が勝手に（笑）。
椎名　でも魔界倶楽部が新日本の格闘技路線の時代と重なってたっていうのがおもしろいよね。
柴田　そっちにガンガン駆り出されていた軍団なので。もと

もとは猪木近衛兵ですからね（笑）。
ガンツ　そう名乗ってましたよね。「アントニオ猪木近衛軍団プロレス結社魔界倶楽部」が正式名称で（笑）。
玉袋　猪木近衛兵っていいよな。俺はその響きが好きだな（笑）。
ガンツ　実際、星野さんを筆頭にそういう心意気の軍団だったわけですよね。
柴田　そんな感じでしたね。それなのに新日本所属選手は自分と平田さんだけっていう感じでしたね。
ガンツ　以前に平田さんにインタビューをしたとき、「柴田に『旅に出るのもいいんじゃないか』って退団を後押しをしてしまった」って言ってましたけど。
柴田　いや、それはあまり影響ないかな（笑）。
椎名　自分がメンターみたいなことを言ってたけど、全然違ってたんですね（笑）。
玉袋　まあ、それも「あったかもしれない」ってことにしとくか（笑）。
柴田　よく考えたらあったかもしれませんね（笑）。
ガンツ　でも、その流れで結局は新日本を退団して、そしてビッグマウスに行くわけですよね。
柴田　じつはビッグマウスには退団後すぐには行ってないんですよね。しばらくフリーでやっていて、ビッグマウスでやるってなって徐々にそうなっていったという。
ガンツ　デビュー5年で新日本を退団するというのは、相当大きな決断だったと思うんですが。
玉袋　衝撃的だったよな。
柴田　だから意外と新日本にいないんですよね（笑）。今年でデビュー25年なんですけど、新日本は5年で辞めて、戻ってきてからも5年ぐらいでケガして長期欠場だったんで、全部合わせても10年くらいなんです。
玉袋　新日本での実働10年ってことか。
柴田　でも大切なのは長さより濃さだと思うんですよ。（初代）タイガーマスクって2年ちょっとしかやっていないのに、インパクトが凄かったから、いまでも強烈に残っているじゃないですか。やっぱりプロレスってそういうものなんだろうなって思いますね。
玉袋　長くやってると見慣れちゃうしね。意外と太く短くのほうが残るんだよな。
ガンツ　新日本とＵＷＦの業務提携は2年間だし、新日本とＵインターの対抗戦にいたっては半年しかやってないですからね。
柴田　あっ、そんなに短いんですか。
玉袋　それをいまだに俺たちは語ってるわけだろ。いいかげんにしろっていう話だもんな（笑）。
柴田　でも、いま見てもおもしろいですよね。
ガンツ　おもしろいですよ。あのときの新日本のレスラーはみんな強かったですしね。

柴田　LA道場で教えていたとき、寮に戻ってから「みんなでプロレスを見よう」って言って、新日本とUインターの対抗戦を見てましたからね。自分にとっては教科書です（笑）。

玉袋　あの緊張感や気迫とか、負けらんねえっていう気持ちなんかは凄く伝わったよね。だから、あれだけの熱が生まれたんだろうし。

椎名　（佐々木）健介をのぞけば（笑）。

柴田　ポカしちゃったやつですか？（笑）

玉袋　あれはいいよ。もう入ってきたときから「俺は負ける」って顔に書いてあったんだから。

ガンツ　10・9の新日本vsUインターだと、メインの武藤敬司vs髙田延彦と、第1試合の永田裕志&石澤常光vs金原弘光&桜庭和志ばかりが語られがちですけど、大谷晋二郎選手の試合とかも凄くおもしろいですからね。

「柴田さんの転機となったのは、桜庭さんとタッグを組んでIGFの鈴川真一&澤田敦士とやった試合ですよね」（ガンツ）

玉袋　あれもプロレスだし、いま新日本でおこなわれてる試合もプロレスだもんな。形がいくらでもあるわけだよ。

柴田　答えがないんですよね。それがいいんだと思います。

ガンツ　柴田さんの場合は、自分にとってのプロレスを探し求める旅をしているような。

柴田　いまだに探し求めてますね。ゴールがないですよ。

玉袋　ないんだよなあ。だから、こっちもずっと見続けてるわけでね。

ガンツ　ビッグマウスも短い期間なのに、めちゃくちゃいろんなことがありましたよね（笑）。

柴田　あれは上井さんが悪いんで（笑）。結局、リング外のことがリング内に影響しちゃうのがよくないんですよ。

ガンツ　ビッグマウスも最初はいい感じだったんですけどね。柴田さんもWRESTLE－1に出たりしたのは大きな経験になったんじゃないですか？　天龍さんとやったり。

柴田　天龍戦は新日本時代ですね。WRESTLE－1は秋山（準）さんとやって（2005年8月4日、両国国技館）。あれも二度とできないような試合をやったんで。

ガンツ　思いっきり顔面を蹴飛ばしてから大荒れでしたよね。

柴田　自分が蹴ったら秋山さんの額が割れちゃって、割ろうとしたわけじゃないんですけど、パーンと蹴ったらバーッと血が出てきて。秋山さんが鬼の形相で向かってきて、両国の折りたたみじゃない硬いパイプ椅子でガツンガツンやられました（笑）。

椎名　怖いな～（笑）。

柴田　WRESTLE－1は凄かったですよね。その試合もあったし、長州さんと佐々木さんの試合もあったり。

ガンツ そうだ。あの無気力試合。

玉袋 それはWJのあと?

ガンツ WJのあとですね。金銭問題によって、師弟関係が壊れたふたりによるシングルマッチ。

玉袋 それはヤバいね。

ガンツ どんな凄い遺恨試合になるかと思いきや、長州さんが超無気力であっさりとフォール負けして、北斗晶が激怒するという(笑)。

柴田 あれでふたりの亀裂が決定的になったんですよね。

ガンツ あれ以来、まったく会っていないんじゃないですかね? 唯一、顔を合わせたのがたぶんマサ斎藤さんのお葬式で、ボクも参列したんですけど、長州さんと健介さんが会話を交わしているところは見ていないですから。

柴田 だから自分はたぶん、いまの若い選手は絶対に見ることがない光景、いろいろ濃いところの現場にいましたよね。

ガンツ デビューしたての若手時代に1・4橋本vs小川のバックステージにいたわけですもんね(笑)。

玉袋 混沌とした時代だよな。

ガンツ 柴田さんの転機となったのは、総合格闘技を5年くらいやったあと、2011年大晦日のDREAM&IGF合同興行『元気ですか!! 大晦日2011』に出場して、桜庭さんとタッグを組んでIGFの鈴川真一&澤田敦士とやった試合ですよね。

柴田 あれはもう、なんの試合かわからないんですよ(笑)。

ガンツ MMAじゃなくプロレスではあるんですけど、要は橋本vs小川みたいな、いったい何が起こるかわからない試合ですよね。

柴田 やる側が「これはなんだろ?」っていう。「いまの時代にこんなことあるんだ?」って(笑)。

ガンツ だからもの凄くスリリングな試合でしたよね。そこで桜庭さんの意地の悪さみたいなのも出ていて、ガンガンやったあとにすぐタッチするみたいな(笑)。

柴田 桜庭さんはあの殺伐さを楽しんでいましたね。あの試合だけじゃないですか、桜庭さんが楽しめたプロレスは(笑)。

ガンツ ああいうケンカまがいの闘いじゃないと、桜庭さんの本性も出ないというか。

玉袋 サクちゃんもきっと魔界に入りたかったと思うよ(笑)。

ガンツ 柴田さんはあの試合で、「もう1回プロレスをやろう」という気持ちになったんですよね。

柴田 そうですね。あれがなかったら、プロレスをやってないと思いますね。「こんなおもしろいことができるんだ!?」って思いましたから。あの日、リングが凄く硬かったんで、自分はドロップキックをやったあとに腕を折っちゃって。

椎名　えーっ!?

ガンツ　総合用のリングですもんね。

玉袋　カテェんだな。

「猪木さんが外国人レスラーとやっていた試合ってアメリカンプロレス。自分もいまは外国人と試合をするのが楽しいです」（柴田）

ガンツ　だから凄く勢いをつけた串刺し式ドロップキックをやって、手をついて受け身を取ったら折れてしまったという（笑）。

柴田　澤田が本当に憎たらしくてドロップキックで首を折ってやろうと思ったら、自分の腕を折っちゃって（笑）。

椎名　ブルーノ・サンマルチノ以来の首折り（笑）。

ガンツ　猪木さんは、あの試合を見てよろこんでいたらしいですね。

柴田　あの日はお会いしてないんですけど、見てくださったんだなって。

ガンツ　それこそ新日本とUインターの対抗戦の第1試合みたいな感じでしたからね。

柴田　格闘技の会場がプロレスであれだけ盛り上がったんで。

玉袋　骨を折った甲斐がありましたね（笑）。

ガンツ　そのあと桜庭さんとふたりで新日本参戦ですもんね。

椎名　そういう流れだったんだ。

柴田　あのあとにIGFからオファーがあったんですけど、腕を折ったんで出られなかったんですよ。で、欠場しているあいだに新日本からもオファーが来て。桜庭さんとも「やるなら新日本ですよね」ってなって一緒に行ったんですけど、いざやってみたら桜庭さんが「なんか違うな……」って（笑）。

ガンツ　桜庭さんが知っているUインターと対抗戦をやった頃の新日本とは、だいぶ変わってましたからね（笑）。

玉袋　なるほどな。俺はあのとき「大丈夫かな？」と思ってたんだけど、サクちゃんは浦島太郎になっていたわけか。

柴田　それで無気力になって（笑）。

ガンツ　柴田さんはすぐにいまの新日本に馴染めたんですか？

柴田　自分はいろんなことを思い出してやりがいを見出しちゃっていたんで、桜庭さんとはその温度差みたいなのもありましたね。一緒にやってるときはそこの調整をするのも大変でした。

ガンツ　桜庭&柴田が新日本に参戦したあとの1・4東京ドームに、ぼくらは3人で一緒に見に行ったんですよね。桜庭さんと中邑さんがやって、柴田さんは真壁（刀義）さんとやって。

柴田　テーブルにパワーボムを喰らいました（笑）。

ガンツ　それで桜庭さんが中邑選手に負けたとき、玉さんが大人気なく怒り狂ってたっていう（笑）。

椎名　客席でも、あのあとの居酒屋でも相当怒り狂ってたよね（笑）。

玉袋　荒れたな、あのときは。俺も若かった（笑）。

柴田　でもプロレスの勝敗がそこまで見る側の感情を揺さぶったということは、それもまた勝負論ですよね。

玉袋　ある意味、昭和じゃなくて現代のプロレスの試合に俺も入り込んだってことだからね。

柴田　だから昔の新日本とアメリカンプロレスって、全然違うようで共通する部分もあると思うんですよ。猪木さんが外国人レスラーとやっていた試合って、アメリカンプロレスですもんね。シンプルにプロレスの根本的な部分を押さえた試合をしている。だから自分も、いまは外国人と試合をするのが楽しいですね。

玉袋　いまはアメリカの試合も配信で見られるわけだからさ。柴田さんが向こうで外国人とやっている〝猪木プロレス〟を、逆輸入でこっちで見られるのがおもしろいよ。日本の映画がアメリカでどうリメイクされて戻ってくるのかが楽しみだよね。

柴田　自分も楽しみですね。向こうは〝製作費〟が大きいんで。

椎名　いろんなことができますよね。

「これから再生した柴田勝頼の新しい旅が始まるわけだから楽しみだよ。アメリカでどんどん活躍してもらいたい！」（玉袋）

ガンツ　ＡＥＷの所属になったことで、今後は試合数も増えていくんじゃないかと思うんですけど、身体的に問題はないですか？

柴田　アメリカは移動距離があるぶん、日本の巡業のような連戦がないですからね。1試合ずつ集中して挑めるので安心です。去年は17試合くらいやったんですけど、試合の感覚も全部思い出した感じで、すべてにおいて戻っています。

ガンツ　ここ2年間、柴田選手自身は「もう身体は大丈夫」という感じでも、新日本の方針として試合には出せなかったわけですよね。

柴田　それはそれで正しいとは思うんですよ。でも自分は自分でやりたいことがまだまだあるし、ちゃんと医者のオッケーをもらって試合をしているんで。じゃないと、そもそもアメリカって無理じゃないですか。

ガンツ　向こうのメジャー団体は、メディカル検査を凄くちゃんとやっていますもんね。

柴田　だからちゃんと医者のオッケーをもらったうえで、自分の「やりたい」という気持ちを汲んでくれたトニー・カーンには凄く感謝しています。ぶっちゃけ、試合ができないことが新日本の退団の理由ってなっていますけど、情報が偏りすぎてますよね。ファンの人もその理由で納得していますが、実際は今年のドームで試合する話も進めていましたから。ただ、こちらとしては新日本では最後のドームになるかもしれないから特別なものにしたかったし、そこに対しての考え方が合わなかったので実現できませんでした。その理由はケガどうこうではなかったです。新日本のリングで柴田 vs KENTAはやりたかったという強い希望があったんですけどね。蓋を開けてみたらそもそもアイツ、呼ばれてもいなかったという（笑）。

玉袋　そんな計画があったんだ。みんな見たかったと思うけど、仕方ねえのかな。

ガンツ　オカダ戦でケガをする前は「あと数年で引退かな」と思われていたんですよね？

柴田　そうなんですよ。「あと3年かな」と思って家族にも話していたんです。当時、巡業続きで休みがなくて、自分は仲間もいないんでシングルマッチが多くて。しかも（NEVER無差別級の）ベルトを持っていたときは、タイトルマッチが月1以上あったんで。だんだんと壊れていきましたね。

玉袋　じゃあ、長期欠場したことで、逆に身体のメンテナンスもできたんじゃないですか？

柴田　そうですね。再生というか。逆に選手寿命は延びたと思います。

玉袋　それはこれからが楽しみだよ。再生した柴田勝頼の新しい旅が始まるわけだからね。

ガンツ　AEWにはほかにも日本人レスラーが何人かいますけど、交流っていうのはあるんですか？

柴田　自分は日本人同士で固まらないですね。外国人選手とのほうが仲いいです（笑）。彼らはシンプルに試合の評価をしてくれるし、いいものはいいっていう感覚で受け取ってくれるんでストレスがないんですよ。いい試合をしたあとは話しかけてくるし、見てくれてるんだなって。

ガンツ　新日本とAEWは協力関係にあるじゃないですか。今度、柴田さんが新日本と絡む可能性もあるんじゃないですか？

柴田　だから、わからないですけど、新日本所属時代よりも新日本の選手と試合したり、新日本のリングに上がれる可能性は広がったんじゃないかとも思うんですよ。まあ、べつにやらなくてもいいんですけど。ただ、棚橋くんとは1回やりたい気持ちはありますね。あっ、棚橋社長か（笑）。

玉袋　いいね〜。AEWの柴田勝頼と新日本の新社長・棚橋弘至っていう、いままでと全然違う立場での闘いになるわけだもんね。そのシチュエーションが新しいよ。

椎名　新日本自体、そういう外からの刺激があったほうがいいと思う。

玉袋　異物混入がプロレスはいちばんおもしろいわけだからな。

椎名　WWEやAEWに日本のトップレスラーがもっと参戦したら、日本のプロレスももっと盛り上がると思う。プロ野球だって、メジャーリーグに日本人が行っていなかったら、もう衰退していたと思うよ。

玉袋　大谷翔平効果、ＷＢＣ効果で野球人気が上がっているわけだからね。

ガンツ　だからプロレス界もまたおもしろい時代に突入してきたってことですよね。

玉袋　そのためにも柴田さんにはこれからもアメリカでどんどん活躍してもらいたいね。それが楽しみだよ。

柴田　自分も凄く楽しみです。ロマンを追い求めて、アメリカでプロレスにどっぷり浸かってきます。

玉袋　期待していますよ。今日はありがとうございました！

柴田　ありがとうございました！

自己投影観戦記

できれば強くなりたかった

第143回

キラー・カーンを追憶して

椎名基樹

椎名基樹（しいな・もとき）1968年4月11日生まれ。放送作家。コラムニスト。

昨年末の12月29日に、キラー・カーンがお亡くなりになった。経営する新宿の居酒屋で、接客中に突然倒れ、救急搬送されたが、そのまま帰らぬ人になってしまった。享年76。

この時期の新宿は、忘年会シーズンで賑わっていて、入店できる酒場を探すのも一苦労である。多くの人が仕事納めをする中、書き入れ時に、カーンは忙しく働いていたのだろう。

率直に言って、76歳の高齢で、居酒屋のオペレーションをこなすのは、本当に大変なことだろう。しかし、キラー・カーンが、プロレスラーとして稼いだファイトマネーは、莫大な金額だったはずである。セレブとして余生を過ごすのにも十分なほどは、稼いだはずである。

経歴をたどってみると、キラー・カーンの「売れっぷり」は、大変なもので、特に80年代に日米のリングで、まったく同時期にトップとして君臨した日本人レスラーは、キラー・カーンくらいであろう。

しかもそれは、80年代のＷＷＦと新日本プロレスという、黄金期のプロレスマーケットにおける活躍である。キラー・カーンが、その時期、世界中どこに行っても通用する、キャラクターとプロレススキルを身に付けていた、唯一無二の存在だったことがわかる。ちなみに、その時のＷＷＦのギャラは、週給６００万円で、カーンは、正真正銘のトップヒールだった。

ＷＷＦでは、アンドレ・ザ・ジャイアントと抗争し、「足折り事件」で一躍人気ヒールとなった。その試合の直後に新日本プロレスでの「ＭＳＧシリーズ」（Ｇ１クライマックスの前身といえる大会）決勝戦で、アンドレと闘い、メインイベンターを務めた。

このような大きな大会の、メインイベントを猪木以外が務めたのは、猪木が一線で闘っている期間においては、キラー・カーンが唯一だった。当時、私は子供心に、そのことが衝撃だった。しかし、華やかさや迫力を考えると、藤波でも長州でもなく、それはやはりカーンにしか務めることができないと感じたものだった。

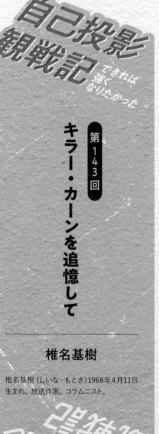

その後、すぐに維新軍に参加して、ハイスパートレスリングの革命の一役を買うのだから、キラー・カーンの懐の深さや恐るべしである。これは「プロレスの天才」と言ってよいのではないだろうか。

このキラー・カーンに、私は縁があるのである。そのエピソードを話したいと思うが、ふたつのエピソードのどちらとも、他人が聞いたら「なーんそれ」と言うに違いない、じつに他愛のないものである。しかし、その他愛のなさゆえに、人間の縁の不思議さやおかしさを私は感じてしまう。

　学生時代のアメリカ旅行で、フロリダである青年と友達になった。彼は、タンパのキラー・カーンの家にホームステイしていた。

　彼は俳優志望であった。そのため帰国後、きっかけを掴むために、東京に住むキラー・カーンに挨拶に行きたかった。しかし、ひとりで行く勇気がないために、私に付き添いを頼んできた。

　カーンとの待ち合わせの場所は、どの街だったのか憶えていないが、とにかく新宿界隈の、昼営業しているスナックのような、大時代な純喫茶のような、湿った赤いソファがしつらえてある店だった。

　そのソファにどかっと身体を沈めて、キラー・カーンは、アイスコーヒーを飲みながら、めんどくさそうに青年と対峙した。季節は夏で、カーンは短パンを履いていて、むき出しの膝や腿に、無数の大きなケロイド状の傷があり、迫力に圧倒された。

「タンパに住む娘たちがあんまり肥満なので、いま自宅の庭にプールを作ってやってんだ」

なんて自慢げに話していた。今回の訃報を受けての東スポの記事で、娘の由江（ゆきえ）さんが来日して、家族葬の喪主を務めたことが報じられていたが、私が会ったあの頃からすでに、カーンは家族とは疎遠な様子であった。

　ダイナマイト・キッドは、ＷＷＦから撤退し、妻と別れて、アメリカからイギリスに帰国移住する時、妻と娘のために、全財産をテーブルの上に置いて、家を後にする。キラー・カーンの人生にも同じようなことがあったのではないかと想像する。

　ふたつ目のエピソードは、20年ほど前、私は伊豆大島に旅行した。道を歩いていると、ランドクルーザーの助手席に乗って、窓から太い腕を出した、異様な風体の大男が目に入った。それはキラー・カーンだった。ふたつ目のエピソードは、それだけ（笑）。

　キラー・カーンの試合で思い出されるのは、１９８３年の鹿児島県立体育館で行われた、長州力、マサ斎藤、キラー・カーンによる革命軍（維新軍と呼ばれる直前、彼らはそう名付けられていた）と、ラッシャー木村、アニマル浜口、寺西勇によるはぐれ国際軍の初対決。

　この試合で放たれた、カーンのバックドロップが、あまりにもエグすぎて、私の記憶に焼きついている。カーンのバックドロップは、片足を抱えて投げるスタイルで、それ故に投げられたアニマル浜口は、真っ逆さまに落ちていき、テレビ解説を務めていた山本小鉄が思わず「危ない！」と叫んだ。猪木vsベイダーの投げっぱなしジャーマン以上の衝撃であった。

　もうひとつ忘れられないのが、いつどこの試合かわからないが、維新軍vs新日正規軍の試合で、長州力が猪木にサソリ固めをかけている時、おもむろにリングインしたカーンが、猪木の無防備の後頭部めがけてニードロップを落とし、やられた瞬間に、猪木が硬直したように背中をのけぞらせて悶絶するシーンである。

　「長州顔面蹴撃事件」が「プロレス道にもとる」ならば、このニードロップも同等の危険度であった。カーンは、アメリカンプロレスの名手であるが、こうしたトンパチな面もあったプロレスラーだったような気がする。

プロレスがわかれば世の中が、
そして世界が見えてくる。

斎藤文彦 × プチ鹿島

活字と映像の隙間から考察する

プロレス社会学のススメ

司会・構成：堀江ガンツ　撮影：タイコウクニヨシ

第48回

現代プロレスの捉え方と棚橋新社長への期待感

今年は年明けから能登半島地震など、痛ましい出来事が相次いでいる。被災した方々にお見舞い申し上げます。

いま、プロレス界では大きな問題提起が次々となされており、我々は現代プロレスの捉え方を突きつけられている。

一方で昨年末には棚橋弘至が新日本プロレスの社長に就任するなど明るいニュースも入ってきた。

2024年のプロレス界はいったいどのように動いていくのだろうか。

「これまで馳浩像についてはいろいろな角度から語ってきましたが、今年も年始早々から素朴な疑問やいろんな指摘をされている」（斎藤）

——この号の発売日は2月5日なんですけど、収録的には2024年一発目ということで、今年もよろしくお願いします！

鹿島　よろしくお願いします。でも今年はおとそ気分の正月ではなかったですよね。元日から大変な事態で。

——元日の夕方に能登半島地震が起きましたからね。

斎藤　ボクはちょうどテレビでニュースを見ていたんですが、地震速報が出て「この地震による津波の心配はありません」というテロップが出た数分後に津波が来てしまった。

鹿島　特に石川県に大きな被害が出てしまいましたよね。石川県といえば、今回もまた馳浩の話になっちゃうんですけど。ちょうど1年前の元日、ノアの日本武道館大会に馳が6人タッグマッチの「X」としてサプライズ出場して、それはボクも現場で目撃して「ああ、いいものを見たな」と思ったんですよ。

——少なくとも会場は盛り上がって、歓迎

ムードでしたよね。
鹿島　でも、その翌日くらいから「正月とはいえ、知事がプロレスのリングに上がってるのは、どういうオフの過ごし方をしているんだ」っていう声が一部からあがったじゃないですか。ボクは正直、「いやいや、元日だし、休日をどう過ごごしたっていいじゃん」って思っていたんですよ。
斎藤　それはそうですよね。
鹿島　ただ馳さんがまずかったのは、その自分のプロレスの試合映像を石川テレビだけには貸さないと。なぜなら石川テレビが制作したドキュメンタリー映画『裸のムラ』が気に食わないからっていう。それは馳さん自身は明言していないんですけど。
斎藤　でも、そのアプローチがあきらかに偏っていた。
鹿島　その無茶苦茶な論理はおかしいぞ、っていうのがボクの馳ウォッチ。「2023年の馳浩」だったと思うんです。
斎藤　そのあと馳浩知事は、地元の記者会見でも石川テレビの記者を吊るし上げるというか、標的にしていた。
鹿島　そうですね。もうやりたい放題で。だから2023年1月2日以降の馳には問題はあったと思うんですけど、元日の武道館大会出場自体は問題ないというのがボクの考えでした。ただ、今年の1月1日にあれだけ大きな災害が起こったわけじゃないですか。これでもし、今年も正月からプロレスの試合に出ていたら、とんでもない叩かれ方をしていたってことですよね。
――震災の最中に腰振りダンスとかしていたらえらいことですよ。
鹿島　だから知事の職に就いているあいだは、お正月といえども地元にいたほうがいいのかなとか、いろいろ考えましたよね。
斎藤　石川県知事なのに、実際に住んでいるのはいまでも東京なのかという素朴な疑問が指摘された。地震が起きたときにたまたま東京にいたのは仕方がないにしても、震災から5日も経ってからようやく非常事態宣言を出したことで、今度は「無能」と言われることになってしまった。
――いつまで経っても被災地に行かず、各方面からかつての週プロの表紙コピーみたいに「馳、そんなところで何をやっているんだ?」って言われることにもなって。
鹿島　あのカナダの沼に落とされた週プロの表紙がゾンビのように何度も使いまわされるという。
――あの沼に落ちた写真が、またいまの馳浩を象徴している感じで。
鹿島　そんなときに出たのが『KAMINOGE』の馳浩特集号ですよ!
斎藤　ボクらもこの連載で馳浩像についていろいろな角度から語りましたが、前号の馳特集は凄くよかったと思います。1987年のデビューから現在へきっちりとつながる話もあって、正月から読み応えがありました。
鹿島　あらゆるメディアのなかで、あれだけちゃんと馳浩を取り上げて、しかも茶化してるのは『KAMINOGE』しかないっていうのは素晴らしいと思います(笑)。
――馳浩の人となりが凄くわかるという(笑)。馳を語るターザン山本さんのインタビューもおもしろかったですよね。
鹿島　ターザンさんはやっぱり凄いです。

デビュー前から馳浩を大きく取り上げていた当事者でもありますし。あのインタビューはメディア関係者も必読じゃないですか。『ニュース23』のスタッフが『KAMINOGE』読者だっていうことも最近知ることができましたから（笑）。

斎藤　えー、鹿島さんが最近出演されているTBS『ニュース23』のスタッフが？

鹿島　はい。何人かいましたね。

「1・2丸藤vs飯伏がとても話題になっている。レスラーの衰えや、うまくいかない現実と向き合うのもプロレスファンです」（鹿島）

斎藤　素晴らしいですね。『KAMINOGE』は各記事の文字数も凄く多いし、大人が活字的な好奇心として読むには凄くいいのでしょう。プロレス界の話では年末年始にいろいろな興行がありましたが、何か見ました？

——ボクは1月2日のノア有明アリーナ大会が今年のプロレス始めだったんですけど、これは語れる興行だなと思いましたね。

斎藤　〝丸藤vs飯伏現象〟を会場で見たのね？

鹿島　ああ、あれは試合前と試合後、違う意味で話題になっていましたね。

——ノアの1・2有明アリーナは、まず丸藤正道vs飯伏幸太が、ノア最高峰であるはずのGHCヘビー級タイトルマッチを差し置いてメインイベントに組まれたことが賛否両論の話題になって。

斎藤　ボクはABEMAでの配信観戦だったんだけど、セミファイナルの位置で組まれた拳王vs征矢学のGHCタイトルマッチが、スーパーいい試合だった。征矢学のキャリアハイのベストマッチでしょう。ひょっとしたら日本のプロレス界でいちばんのパワーファイターかもしれない征矢のポテンシャルのすべてを導き出した拳王も凄いチャンピオンだし、試合内容でも雰囲気でも「これがいまのノアのベスト」というものを示して、ハッピーエンドかと思いきや……。

——そのあと、メインの丸藤vs飯伏が物議を醸す内容になったわけですよね。

斎藤　あの試合は、さまざまなレベルにあるさまざまな思考のプロレスマニア一人ひとりに突きつけられた宿題でもあったのだと思います。基本的には「丸藤正道vs飯伏幸太」という字面だけを見せられたら、とんでもなくアクロバティックで人間ビデオゲームみたいな試合を見せてくれるのだろうと想像してしまうんだけど、丸藤44歳、飯伏41歳という〝現実〟がまずそこに存在するわけです。

——特に飯伏の動けなさは残酷ですらありましたね。

斎藤　しかし、アクション以外の見どころ、つまりフィジカルで訴えるところではないメンタルなところでのおもしろさは凄くあった。会場で見ているとわかりづらいんですけど、テレビのカメラは飯伏の表情をちゃんと捉えていて、試合開始のゴングが鳴ったあと、ロックアップする前の段階で飯伏が涙を流していたんですね。飯伏というレスラーは、〝ビデオゲームプロレス〟の第一人者、あるいはパイオニアですね。中年のマニア層はそういうコンセンサスを共有している。好き嫌いとはまったく違う次元でですね。

鹿島　バーチャルなイメージだったのに、この試合ではもの凄くエモーショナルというか。

斎藤　いきなりヒューマンな部分を見せちゃったんです。

――あの涙の意味も考えさせる〝余白〟がありましたよね。単純に丸藤戦が2009年と2010年に二度流れていながら、14年越しに実現したことに対する感慨なのか。それとも実現したものの、すでに以前の自分ではないことへの涙なのか。

斎藤　実際、序盤戦から「あれっ?」と首をかしげるくらい動きが悪かった。

――ボクは事前に飯伏幸太にインタビューをしていて、「昔みたいなアスリートプロレスではない、違うプロレスを見せる」と語っていたので、アクロバティックではないプロレスをやろうとしているんだろうな、とは思っていたんですけど。まさか、あそこまで動けないとは。

鹿島　ボクはその試合をまだ見れていないんですけど、動きが悪かったのは最初からだったんですか?

――そうですね。ケガがあったとのことですけど、これはケガが治れば大丈夫という話でもない気がするんですよ。ほかのスポーツのトップアスリートが、大きなケガをしてから完全復活するのって凄く難しいことですけど、現代のプロレスでもそれは当てはまるんだな、という気がしました。何か丸藤戦の飯伏幸太を見ていたら、元ヤクルトスワローズのピッチャー、伊藤智仁を思い出しちゃったんですよ。

鹿島　新人時代、もの凄い高速スライダーを投げていた天才ピッチャーですよね。

――だけど肩とヒジをケガしてしまい、手術とリハビリを続けてもかつての姿に戻ることはなくて。

斎藤　最後に公式戦で1イニングだけ投げたときは、ストレートの球速が100キロそこそこしか出なかった。

――なんか今回の飯伏幸太を見たら、それを思い出してしまいました。

斎藤　試合開始早々に丸藤のバックを取ったときから、すでにまるで力が出ていなかった。コーナーにポーンと跳び乗ることもできず、自分がセカンドロープの上に立った状態でエプロンに立っている相手を引っこ抜いて投げる、あのオリジナルの高角度ジャーマンも失敗していた。

――あれがいまの飯伏の〝現実〟なわけですよね。

斎藤　多くのファンは「丸藤vs飯伏」というカードの字面を見て、試合内容を脳内シミュレーションしたうえであの試合を見ていたから、「あれは本当にひどかった」っていう酷評にしかならないんだけど、そういう反応だけではあの試合をちゃんと見たことにはならないよってボクは言いたい。

鹿島　レスラーの衰えや、うまくいかない現実と向き合うのもファンですもんね。

「現代のプロレスをどう見て、どう捉えていくべきなのか。そういう大きなテーマを我々に突きつけているんだと思います」（斎藤）

斎藤　プロレスはビデオゲームではない、

生身の人間がぶつかり合うものなのに、あたかもいつでもどこでも期待どおりのものを見せてくれるという、観客のほうがいつのまにかプロレスというものをマニュアル化してしまっていたようなフシがある。ところが今回の丸藤vs飯伏は、まるっきり大方の予想通りにはならなかった。

鹿島　ならなかったことに対して、「自分たちは何を見ているんだろう?」っていろいろ考えたり、しゃべったりするのがプロレスの醍醐味だと思うんですけど、そこが圧倒的に欠けてますね。

——ボクなんか、丸藤vs飯伏は凄くリアリズムを見せつけられて、めちゃくちゃ興奮しましたからね。

斎藤　まったく想定外の、特に飯伏のこれまでのイメージからはほど遠い姿を目撃してしまったわけです。

——でも現実にはX（旧ツイッター）で丸藤さんや飯伏選手に対して、直で文句や罵倒を書き込んでいる人たちがたくさんいて。もう、何をやってるんだと思って。

斎藤　昔だったらレスラーとファンの直のやりとりなんてなかったけれど、いまはSNSでレスラーのほうも返答をしてしまいますからね。また飯伏幸太の場合はおそらく言葉足らずなところがあって、「プロレスの仕組み」という言い回しを使っちゃって、その「仕組み」という表現を用いたことでまた攻撃されていた。「プロレスの仕組みなんて言っちゃう人のプロレスはもう見ない!」とかね。もちろん、飯伏のボキャブラリー不足な面もたしかにあるけれど。

鹿島　ただ、本来なら応答しなくてもいい相手に応答しちゃっているっていうことですよね。

斎藤　飯伏が「受け身取ったことありますか?」って返したら、それはたぶん「お客さんの前でバンプを取ったことがありますか?」という意味だったんだけど、それを柔道の受け身か何かと誤解して「ありますっ」って自信満々に答えていた人がいたりしました。そのへんはもう言葉が足りない人と理解が足りない人のコミュニケーションにならないコミュニケーション。

鹿島　不毛ですよね（笑）。

斎藤　今回の試合に関しては、飯伏の動きが凄く悪かったのは事実で、期待にそぐわない内容であったこともたしかなんです。しかし、人間・飯伏幸太が見られたという点では、大人のファンとしては凄く収穫が大きかったんです。最後はバックステージまで歩いて帰れなくて、入場ランプ前で崩れるように倒れて四つん這いになったでしょ。あのシーンはいままでの飯伏幸太のどんな試合のどんな場面よりもリアルなものだった。

——完成されたものばかりを見すぎて、レスラーの生の姿を見ようとしない人が増えているのかもしれないですね。

鹿島　そうですね。イレギュラーなものを見たときのたまらなさって、ボクらは知っているじゃないですか。映画『アントニオ猪木をさがして』の公開のときもそうでしたけど、「これはなんなんだ?」っていう。たとえ期待通りの内容ではなくても、「これを誰かと話したい」という感覚は、忘れずに持っていたいですよね。

斎藤　逆に丸藤vs飯伏が想定内のアクショ

ンを提供して無難に終わっていたら、そっちのほうがつまらなかったと思う。

——変な話、今回で「飯伏幸太も人間なんだな」って思いましたからね。

斎藤 きっとみんなは——みんなというのはライブの観客も、世界じゅうの生配信の視聴者も、飯伏幸太を人間として見ていなかったということでしょう。ビデオゲームの登場人物みたいな感覚。いままでずっと難度の高い技ばかりの試合を感情のかけらも見せずにやってきましたよね。でも、それはあらかじめプログラミングされたバーチャルなものではなくて、アリストートとしての才能と鍛錬の結果だったという至極あたりまえの事実に、我々はなかなか辿りつけなかった。プロレスにおいても、アスリートの限界ってちゃんとあるんだという現実。ボクらはあの日、いいものを見たんです。

鹿島 新年早々、凄い問題提起というか、目を覚まさせてくれたというか。小川直也の「プロレスファンのみなさん、目をさましてくださーい！」じゃないですけど、あれが四半世紀ぶりに復活したみたいな（笑）。

——これは飯伏幸太だけのことじゃないですからね。対戦相手の丸藤選手もかつての動きとは違うし、新日本の棚橋弘至選手もかつてとは違うじゃないですか。新IWGP王者の内藤哲也選手もケガもあるなか、あのスタイルがいつまで続けられるか。

斎藤 内藤選手は1・4ドームのSANADA戦でデスティーノを2回失敗していた。そういう意味で、これからのプロレスを考えるうえでも丸藤vs飯伏というのは重要な意味であったんですね。

——いま、アクロバティックなプロレスが世界的なトレンドになっていますけど、そのスタイルって、当たり前のことながらいままでのプロレス以上に有限というか、若いうちしか見られないものなんだなって思いましたね。

鹿島 そう考えると、もともとムーンサルトプレスをフィニッシュにしながら、時代によって少しずつスタイルをマイナーチェンジして、60歳までずっとトップだった武藤（敬司）さんはおそろしいですね。

斎藤 武藤さんは、身体との相談で段階的に動きを変えていった。高くジャンプしてのドロップキックができなくなると、相手の脚に向かっての上から下へのショート・ドロップキックを開発したり、足4の字固めをフィニッシュに使うためにドラゴンスクリューをカップリングしたり。シャイニング・ウィザードはありそうでなかった助走つきの膝蹴りという打撃技だった。派手に見える技ではあるけれど、武藤さんにとってはそれほど難度の高いムーブではない。武藤敬司というレスラーがケタ外れに凄いところは、ドラゴンスクリューならドラゴンスクリュー、足4の字固めなら足4の字固め、それを武藤さんが大きな見せ場として完成させると、世界じゅうのレスラーがそれをイークエンスごとマネしはじめたことです。シャイニング・ウィザードを初公開したときは、その次の日にはアメリカじゅうのインディーのレスラーたちがシャイニング・ウィザードを完全コピーしていた。

鹿島　猪木さんも途中から延髄斬りを使い、90年代は魔性のスリーパーで乗り切りましたから。そこですよね。

斎藤　ところが飯伏幸太のプロレスではそれが成立しないんです。まるでビデオゲームのような完璧な動きのプロレスを提供してきた。それができなくなると、観客もどうやって飯伏のプロレスと接したらいいかがわからなくなってしまった。だから丸藤vs飯伏は、現代のプロレスにおいてレスラーたちはどんなふうにキャリアを重ねていったらいいのか、ファンはプロレスをどう見て、どう捉えていくべきなのかという、大きなテーマを我々に突きつけているんだと思います。あの試合を単純にひどかった、つまらなかった、飯伏は調整不足だった、練習不足だったと断じてしまうのは簡単かもしれないけれど。

「棚橋新社長誕生はとても明るいニュース。棚橋さんはどんどん可視化していく人だから、そこの信頼度も高いですよ」（鹿島）

――そして年末には、新日本プロレスで棚橋弘至新社長誕生というビッグニュースがありました。

鹿島　あれは明るいニュースでしたね。

斎藤　ボクも素晴らしいことだと思っています。海外のファン、特に英語圏のファンのあいだでも話題になっているんですね。いまの世代のファンなので「新日本で現役レスラーが社長になったのは初めてか？」みたいなツイートがあったりして、ビギナーっぽい問答がほほえましかった。もちろん、これまでアントニオ猪木、坂口征二、藤波辰爾も現役レスラー兼社長だったんだけど、彼らは現在進行形のプロレスしか見ていないから「棚橋はどうするんだ？　引退するのか？」みたいな感じで、英語圏でもビッグニュースとして捉えられていた。

鹿島　ボクは棚橋さんの社長就任のニュースを見て、新日本はこのタイミングでポジティブなイメージを打ち出したい思いがあったのかなと思ったんですよ。というのも、昨年末にXで塩村あやか議員が「プロレス芸」という言葉を使って炎上したじゃないですか？　さらにビックリしたのが、公式の存在である新日本とスターダムが「塩村議員に意見書を提出しました」っていう声明をわざわざポストしていたんですけど、あれにボクはギョッとしたんですよ。

斎藤　ギョッとするというか、違和感がバリバリありましたね。

鹿島　「それ、わざわざ言う？」っていうのと、それってボクらが習ってきたプロレス的なセンスとは真逆だよなって。

斎藤　今回は女性の野党議員ということで〝反撃〟に出たという、ミソジニー的な発想みたいなものを感じました。これが自民党の男性の議員だったとしたら、果たして同じことをしていたのかどうか。

鹿島　安倍（晋三）さんの側近だった羽生田（光一）さんは、「田舎のプロレス」ってもっとひどいことを言ってましたよね。ボクもそのときに声をあげればいいのにって思ったんですけど、今回だけ声をあげちゃうと、なんかネットで炎上しやすい人がまた炎上してるから、そこに乗っかった感じのオラオラ感がするというか。

斎藤　相手によって対応を変えているかの

ような嫌な感じですよね。しかも新日本だけじゃなくスターダムも公式見解を出していて、さらに文面がまったく同一だった。

鹿島　だからあれを見て、これはオーナーである木谷（高明）さんの意向なんだろうなって感じてしまいますよね。あれを出したことによって、塩村さんのアンチや、プロレスの熱狂的ファンは「そうだ、そうだ！」っていうのがあったと思うんですけど、トータルで俯瞰して見てみると、あの騒動でいちばんの悪手をしたのはやっぱり新日本で、凄く損をしたと思うんですね。

斎藤　新日本だけでなくスターダムも含めてですね。しかも、どちらも日本でいまいちばん大きな団体ですよ。

鹿島　ボクの知り合いで、昭和の頃からプロレスを見ていて、ここ数年は1・4ドームを見るだけくらいになっている人が、「いまの新日本ってこんな感じなの？」って言っていたんですよ。かなりイメージダウンしましたよね。だからボクは正直、それがあったから、何か風向きを変えようということで棚橋さんの社長就任が発表されたのかなとも思ったんですよ。

斎藤　まあ、そこまで繊細に世の中の動きというか、メディアの空気をちゃんと把握できていたら、そもそもあれはやらないと思いますよ。

——いまってアイドルでもなんでも、ファンが「運営が悪い」みたいな感じで叩くじゃないですか。

鹿島　運営が可視化されてますよね。

——実際、スターダムは運営の不手際が続いて社長が交代したばかりですけど、団体、会社の信頼回復のための社長交代みたいなこともあるかもしれないですね。ジャニーズの新会社の社長にヒガシ（東山紀之）が就任する予定だったみたいな。いちばんのベビーフェイスがトップに立ちましたっていうことで、イメージを変えるという（笑）。

鹿島　なるほど。棚橋さんはやる気満々のヒガシみたいな感じですよね（笑）。でも実際に棚橋さんが出てきたことで明るくなりましたもんね。

斎藤　棚橋弘至は人格者で、人望があり、ファンからの信頼が厚く、プロレスファンではないところでの一般的知名度も高いから。

鹿島　だから今回は凄くいい手だと思うんですよ。

——「棚橋だったら悪いようにしない」っていう信頼感がファンにもあるでしょうからね。

鹿島　棚橋さんはどんどん可視化していく人なんで、そこの信頼度も高いですよね。だからあれは明るいニュースでいいんじゃないですか。

「企業が資本的なバックアップにつくことは、プロレス畑出身ではない人間によるシステムの弊害を生むことがあるんです」（斎藤）

——あとは棚橋新社長にどこまでの権限があるかということですよね。

斎藤　代表取締役社長だから、株を購入したということなのでしょうかね。

鹿島　ボクらも長くプロレスを見ていると、レスラー社長って猪木さんや馬場さん、坂口さんとかいろいろいましたけど、棚橋さんは誰タイプなのかなって。まさかの藤波タイプっていう可能性も（笑）。

——オーナーの鶴の一声の社長就任だったとすると、藤波タイプではあるんですよね（笑）。もちろん時代やスタイルも違いますけど。

斎藤　木谷オーナーの記者会見コメントによれば、急に決まったことではなくて11月くらいに社長就任の打診をしたということでしたね。そして社長交代の理由としては、前任者はこれこれこれくらいの実績を残してくれて今回勇退することになりました、という発表の仕方で、動画としてはあくまでも棚橋新社長が主役という会見になっていた。

鹿島　ボクは自分の本でも書いたんですけど、棚橋さんって「プロレスを世間にアピールする」というところで、じつは猪木さんとセットで考えたらおもしろいんじゃないかと思うんですよ。プロレス自体へのスタンスは猪木さんの対極と思われていて、実際に「新日本道場から猪木さんの看板を外した人」というふうに思われている人だけど、「プロレスを世間にアピールする」という猪木さんがやってきたことを誰よりも心掛けている人だから。その人が新日本の社長になるっていうのは、昔からのファンの人たちも納得できるんじゃないかと思います。

斎藤　いまの棚橋選手は新日本のトップスターではあるけれど、IWGP世界ヘビー級王座をめぐるタイトル戦線に絡むようなポジションではない。でも棚橋選手はそこにいてくれるだけでいいという、ある意味、チャンピオンベルトを超えた存在。リング上に関してはかつての馬場さん的なポジションなのでしょう。

鹿島　これは邪推ですけど、棚橋さんが社長になったことで現役生活のカウントダウンがもう始まってるのか。それか社長としての比率を増やしていくのかなと思うんですけど。

斎藤　棚橋新社長は、新日本プロレスのマーケティングの〝顔〟としての役割が増えると思うんですね。たとえばバスケットボールのBリーグの戦略なんだけど、いま地方都市に大きなアリーナが次々とできつつあって、おそらくそれらのアリーナにプロレスでは新日本が初進出することになるでしょう。棚橋新社長がアンバサダーとなって、その地方に行って記者会見もやるし、地元のテレビやラジオ、新聞に出たり、トークショーやサイン会などのイベントをやったりして、それから2カ月後くらいに実際に新日本の興行がその街にやってくるというマーケティングが可能なのではないか。そうやって棚橋さんがプロモーター的な立場になることで、各地のライブの入場者は増えていくと思います。

鹿島　新日本＝棚橋の団体という感じで、見えやすくなりますよね。

斎藤　WWEでいえばジョン・シーナ的なポジションですね。一般的には棚橋弘至がいちばん有名なんですから。

鹿島　そう考えると素晴らしい人選ですよね。

——これまで日本プロレス界の社長レスラーというと、力道山、馬場、猪木、大仁田などに代表されるワンマンのオーナー社長で、メインイベンターでしたけど。棚橋さんは大スターの社長レスラーだけれども、別にオーナー、親会社がいるという新しいタイプなので、そこがどうなるかですよね。

鹿島　ワンマンじゃない流れっていうのはどこから始まったんですかね？　三沢光晴さんとかですか？

斎藤　三沢さんの場合、ノアはご自分と仲間たちとで立ち上げましたから創業者ですね。

――だからいまの棚橋選手の立場は、言ってしまえば全日本の社長時代の三沢さんですよね。元子さんというオーナーが別にいての社長レスラーという。

鹿島　なるほど。

――元子さん体制での社長レスラーというとなんか悪いみたいですけど、三沢さんと違って棚橋さんの場合はオーナーとの関係は良好という（笑）。なのでボクは、WWEにおけるトリプルHみたいな立場になってくれたらいいな、と思うんですよ。

斎藤　トリプルHがいちばんいい例ですね。

鹿島　そこの例がありましたね。

――ちょっと前のWWEは、ビンス・マクマホンというオーナーで最大の権力者がいましたけど、クリエイティブのトップとして辣腕を振るっていたのはトリプルHじゃないですか。そういう形で、棚橋選手が新日本プロレスのソフト面でのトップになって、右腕としてマッチメーカーがいるという感じになればいいなと。

斎藤　プロレス団体が〝一座〟や〝個人商店〟から脱却するためには企業が資本的なバックアップにつくことは必要不可欠にはなっていますが、プロレス畑出身ではない、プロレスのことをよくわかっていない出向社長が、さらにわかっていない上司や親会社に報告するというシステムはやっぱりよくないんです。

「もうこれは〝スマイルアップ棚橋〟ということですね（笑）。あの名前、棚橋さんがもらえばいいと思うんですよ」（鹿島）

鹿島　たしかにそうですよね。プロレスの知識とか愛がない人でも、一般的に自分が要職に就いたら何かを変えようとするじゃないですか。それって悪い方向に行く例が多いですもんね。

斎藤　プロレス畑出身ではないエグゼクティブの場合、プロレスを「動画コンテンツ」としか認識していなかったりする場合がある。だから公式サイトのヒット件数だったり、動画の再生回数がいちばんのデータで、そこを重要視しすぎてプロレスとしての方向性を壊してしまうことがあるんです。でもプロレスにはお相撲と同じような〝番付〟があって、場所ごと（リーグ戦）の優勝争いや闘いのテーマやライバル物語があって、ファンはそういう大河ドラマを目撃している。プロレスファンだったら当然のこととしてわかっているそういうしきたりや慣習、伝統があるわけです。

――変えていいことと変えちゃいけないことがあるんですよね。

鹿島　それがちゃんとわかっている人が新日本の社長になったということは、大きいかもしれないですよね。

斎藤　たぶん、木谷オーナーも「棚橋くんがそう言ってるのであればきっとそうだ」となるでしょう。

――アメリカのプロレスって、やはりビジネスや現象面で日本を20年くらい先行していて、プロレスラー以外が最高権力者になった失敗例としてWCWがあったじゃないですか。お金もメディアも持っていて、一時はプロレス界を制圧するかと思いきや、テレビ屋の論理でプロレスをいじった挙句に自滅したという。WWEがなぜ形成逆転して天下を取ったかと言えば、クリエイティブの人たちがプロレスを熟知したプロ中のプロだったからですよね。

斎藤　WWEのプロデューサーもエージェントも全員が元レスラーですよ。ゴリラ・モンスーン、パット・パターソンの時代からずっとね。

鹿島　それは大事ですね。

斎藤　だから、じつはWWEって相撲協会みたいな組織だったりするんです。

鹿島　なるほど〜。そう考えると、はるか昔からそのシステムを作り上げていた相撲協会は凄いな（笑）。

――今回の棚橋さんの社長就任は、新日本プロレスが組織としてWWEや日本相撲協会のような方向に向かう第一歩と考えるとおもしろいですね（笑）。

鹿島　そういうことも含めて明るいニュースですよね。楽しみだなあ。

――新日本にとっても、WWEというお手本があるのはいいことですよね。プロレスのプロフェッショナルという意味での。

斎藤　WWEの場合は、テレビの画面には映っていないけどかならずバックステージには元選手のプロデューサーたちが全員スーツを着て勢揃いしているんです。2000年代だったらリッキー・スティムボートやマイケル・ヘイズやジョニー・エース。現在進行形で画面に映っているアダム・ピアスRAW・GM、ニック・オルディスSmackDown・GMもちょっと前まで現役レスラーだった人たちです。

――いまも昔も試合に関しては「レスラーはレスラーの言うことしか聞かない」っていうのがあるじゃないですか。

斎藤　選手出身のプロデューサーなら、試合を見ればどこがよくてどこがよくなかったか、ここをこうするともっとよくなるというディテールを選手目線で熟知している。プロ野球のコーチ陣と同じポジションと考えるとわかりやすい。そこに棚橋弘至社長の存在理由があるのだと思います。超一流のレスラーで、会社サイドも「彼だったら大丈夫」っていう唯一の人選。ここからいよいよ針の穴を通すような棚橋政権がスタートするわけです。

鹿島　〝スマイルアップ棚橋〟ですね（笑）。

――スマイルアップっていう言葉の響きが、棚橋さんに凄く合っていますね（笑）。

鹿島　あれ、棚橋さんが名前をもらえばいいんですよ。

斎藤　棚橋政権がせっかくスタートしたので、10年くらいは続くものにしてほしい。選手としても50歳くらいになれば、正式に引退しなくても、試合に出るのは年に1〜2回とか。嫌でもそうなってくると思うんですね。

――それこそトリプルHもそうでしたよ

ね。たまに出ると、凄い大物の特別参加になるという。

斎藤　トリプルHも現役の最後の頃は試合に出ること自体がニュースで、凄い人気だった。彼は1試合のために身体もコンディションも作ってくるから、観客も高い集中力でリングを見ていた。トリプルHがカッコよかったのは、引退試合をやらずにリングの真ん中にリングシューズを置いて去っていったでしょ。だから棚橋さんにはトリプルHを参考にしてほしいですね。

鹿島　では2024年最初の提言は「新日本は相撲協会を、棚橋さんはトリプルHを目指せ！」ということで、今年もよろしくお願いします！

プチ鹿島
1970年5月23日生まれ、長野県千曲市出身。お笑い芸人、コラムニスト。大阪芸術大学卒業後、芸人活動を開始。時事ネタと見立てを得意とする芸風で、新聞、雑誌などを多数寄稿する。TBSラジオ『東京ポッド許可局』『荒川強啓 デイ・キャッチ！』出演、テレビ朝日系『サンデーステーション』にレギュラー出演中。著書に『うそ社説』『うそ社説2』(いずれもボイジャー)、『教養としてのプロレス』(双葉文庫)、『芸人式新聞の読み方』(幻冬舎)、『プロレスを見れば世の中がわかる』(宝島社)などがある。本誌でも人気コラム『俺の人生にも、一度くらい幸せなコラムがあってもいい。』を連載中。

斎藤文彦
1962年1月1日生まれ、東京都杉並区出身。プロレスライター、コラムニスト、大学講師。アメリカミネソタ州オーガズバーグ大学教養学部卒、早稲田大学大学院スポーツ科学学術院スポーツ科学研究科修士課程修了、筑波大学大学院人間総合科学研究科体育科学専攻博士後期課程満期。プロレスラーの海外武者修行に憧れ17歳で渡米して1981年より取材活動をスタート。『週刊プロレス』では創刊時から執筆。近著に『プロレス入門』『プロレス入門II』(いずれもビジネス社)、『フミ・サイトーのアメリカン・プロレス講座』(電波社)、『昭和プロレス正史 上下巻』(イースト・プレス)などがある。

兵庫慎司のプロレスとまったく関係なくはない話

第104回　発覚しても咎められない犯罪

前にもこのコラムに書いたことがあるが、東京圏に住んでいてバイクで出かけたい時、いちばんのネックになるのが、駐める場所である。昔みたいに、行った先で適当に、そのへんに駐めておくわけにはいかない。でも自転車・原付と違って、中型以上のバイクを駐められる駐輪場は極めて少ないので、前もって調べてから行かないといけない。たとえば東京のZeppは、羽田もダイバーシティもその商業施設に駐輪場があるのでバイクで行く、でも東京ガーデンシアターや有明アリーナは、クルマ並みにバカ高い駐輪場しかないから電車にする、といった具合です。

あと、よく活用するのが、パラカという会社が管理している、ネットで探して事前予約するタイプの駐輪場である。クルマ用のコインパーキングの隅に、何台分かバイク用のスペースが作られている、という場合が多い。大型商業施設の駐輪場は、バイクのタイヤにワイヤーをくぐらせてフックにひっかけて、駐輪代を払うとそれが外れる、という形で管理されているが、こういう事前予約制の駐輪場は、地面に描かれたワクに番号が振ってあって、自分が予約した番号に駐めるだけ、という形である。

で。当日行ってみると、僕が予約したスペースに、既にバイクが駐められていることがあるのだ。一度だけではない、何度か経験した。クルマのコインパーキングみたいに、車体下のバーが上がったりしないので、勝手に置くことを阻めないのだろうが、とにかく困る、ちゃんとここを借りている正当な権利者としては。

前の時間に借りた奴が、まだ戻って来ていないのかもしれない。駐車場の看板に書いてある「トラブル時はここへ」の番号に電話をかける。僕のバイクのナンバーを訊かれ、答えて、正規の予約者であることを先方が確認する。「駐めてあるバイクのナンバーは?」「ええと、カバーがかかってるので、ちょっと待ってください」とカバーの端をめくってナンバーを告げる。電話の向こうで調べた結果、前の時間に借りていたバイクとかではない、関係ない誰かが勝手に置いているのだ、ということが判明。すると、電話の向こうのオペレーターがどうするか、というとですね。

兵庫慎司

(ひょうご・しんじ)1968年生まれ、広島出身で東京在住、音楽などのライター。ザ・クロマニヨンズのニューアルバム『HEY! WONDER』、2月7日発売、なので今号の『KAMINOGE』の表紙は間違いなく甲本ヒロト。今回、井上編集長から「ヒロトさんのインタビューの中で、ふたりがかりで兵庫さんをいじっているんですが、載せていいですか?」と連絡がありました。もちろんどうぞ、どのようにいじっていただいても文句ありません、と答えました。『HEY! WONDER』、どの曲も最高で、日々うっとりと聴いています。

「すみません、敷地内で、どこか空いているところに駐めていただけますか?」

と言われるのだ。不法に置いている奴のバイクはそのまま放置で、なんにも対処をしてくれないのである。

なんでしないのよ。と言いたくなるが、要は、できないのだろう。公道への違法駐車なら、警察に通報すれば対応してくれるが、私有地だと動いてくれない。かといって、パラカのスタッフが、そのたびに違法駐輪バイクを撤去しに来てくれるかというと、そんな人員配置をしているわけがない(日本中で展開している会社だし)。だからしょうがない、放置しておくしかない、ということになっているのだ、どうやら。

そこで気づいた。その勝手に駐めている奴は、おそらく、そこまでわかっている。つまり、勝手に駐めていることが発覚したところで、正規にそこを借りた奴(僕)も、そこを貸している会社(パラカ)も、何もできないということを。いや、絶対に何もできない、というわけではないが、やるとしたら、僕がそいつが戻ってくるのを何時間も待ってから食ってかからなきゃいけないとか、パラカが全国規模で駐車場管理システムに「勝手に駐めた奴が出たら撤去隊が即出動体制」を整える、というような、極めて割に合わないことをしなければならない。だからあきらめるだろう、ということを、見越しているのである。

おそらく常習犯なのだろう。近所に住んでいて、自分の駐輪場みたいに、いつも駐めているのかもしれない。だって、出先の駐輪場でバイクにカバー、かけます?

というわけで。つまりこれ、発覚しても咎められないどころか、発覚後もそのまま容認される、という、世にもめずらしいタイプの犯罪なのである。レアすぎる。他にも何かあるだろうか、こういう犯罪。カネを払わずにタダで物をもらうんじゃなくて、何かをタダで使う、というやつだから……。

そうだ、野外フェスの不正入場、近いかもしれない。ライブハウスや屋内でのフェスと違って、野外フェスの場合、外から不法侵入できないように会場全体を完璧に管理することは、実はほぼ不可能なのだ。どこも、完璧に管理するには会場がでかすぎるから、本気でがんばれば、たいていどこかに、タダで侵入できちゃう場所がある。で、入った後は、リストバンド(入口でチケットと交換で配布される)のチェックポイントさえかいくぐっていれば、終演まで会場にいることができる。

……いや、違う。この場合、「あいつ、リストバンドをしてない」と会場スタッフが気づいたら、決して「そのままいていいよ」ってことにはならない。その時点で追い出されるし、警察に突き出される場合もある。

あともうひとつ違うのは、フェスの不正入場の場合、それによって具体的に迷惑をこうむる人はいないが、バイクの場合は明確な被害者がいる点だ。僕という。

うーん、じゃあ違うか。何か、他にもあるでしょうか、被害者がいるのに発覚しても咎められないどころか、「咎めるのが大変なので放置される」という犯罪。思いついた方がいたら、ぜひ教えてください。

ちなみに、その駐輪場、後日通りかかったら、また、同じカバーのかかったバイクが駐められていた。やっぱり、近所の奴に違いない。

KAMINOGE COLUMN

グレート・ムタvs中邑真輔を見て、夢だったプロレス挑戦を
完全決意する。憂流迦、子どもの頃から
憧れのプロレスリング・マスターと緊張の初対面!!

KAMINOGE
ULTIMATE FIGHTING
MASTERS

武藤敬司

[プロレスリング・マスター]

佐々木憂流迦

[摩天楼の天狗]

収録日：2024年1月11日
撮影：タイコウクニヨシ
写真：©NOAH　構成：堀江ガンツ

「期待してるよ。佐々木憂流迦が
大スターになってくれたら、その彼が
憧れていた武藤敬司の名前もまた上がるからさ」
「MMAを引退するとは
明言していないんですけど、プロレスに専念する
覚悟です。巡業も全部行こうと思っています」

「もうロートルが口出すことじゃないよ。これからのプロレス界は新しい世代で作っていかないと」(武藤)

憂流迦　武藤さん、今日はこういう機会をいただき、ありがとうございます。よろしくお願いします！（と持ってきたワインを手渡す）。

武藤　おー、わざわざありがとう。なんか今日は（収録場所に）人がたくさんいるね。

――普段はボクとカメラマンくらいですけど、今日は憂流迦選手のマネージャーさんやヘアメイクさんも来ているので。

武藤　ヘアメイクさんを付けてるなんて、長州力みてえじゃん。

憂流迦　長州さんって、ヘアメイクさんを付けてるんですか？

武藤　そうだよ。ちゃんとメイクの人を雇ってるからな。

憂流迦　ボクも憧れの武藤さんとの対談ということで、だいぶ気合いを入れました（笑）。

武藤　気合い入れる必要ないよ。これ『KAMINOGE』だよ？　見る人、数千人しかいないんだから！

――気合い入れてくださいよ！（笑）。大事なコア層がしっかり読んでいますから。

武藤　ただ対談と言っても、俺、彼のプロレスデビュー戦（1・2NOAH有明アリーナ、vs杉浦貴）を見れてないんだよ。当日はABEMAの解説をやってたんだけど、俺の担当の試合じゃなくて休憩していたときだったからさ。試合自体について評論はできないよ。

――大先輩として、いろいろアドバイスいただけたら大丈夫です。

武藤　いや、ロートルが口出すことじゃないよ。これからのプロレス界は新しい世代で作っていかないと。

――MMAの世界からプロレス界に魅力を感じて来てくれたことについてはどうですか？

武藤　えっ？　MMAは引退したっていうこと？

憂流迦　引退とは明言していないですけど、プロレスに専念する覚悟です。

武藤　じゃあ、戻らないつもり？

憂流迦　はい。巡業も全部行こうと。

武藤　ふ～ん。所属していた和術慧舟會って西良典さんのところ？

――もともと西さんが立ち上げましたね。

武藤　西さん、俺の（東北柔道専門学校での）先輩だよ。昔、柔道着の帯をリングのロープ代わりに張って、西さんとプロレスごっこやってたからね。

憂流迦　プロレスラーになる前の柔道家同士でですか？

武藤　西さんは空手家でもあったからな。仙台にあった東孝さんのところ（大道塾）でバリバリやってたんだよ。

憂流迦　じゃあ、柔道vs空手の異種格闘技戦を帯リングでやっていたんですね（笑）。

——憂流迦選手も小学生の頃からプロレスラーに憧れていたんですよね？

憂流迦　そうですね。武藤さんと（獣神サンダー・）ライガーさんに憧れて。

武藤　ふ〜ん。じゃあ、中高とかは何かスポーツをやってたの？

憂流迦　中学は剣道をやって、高校でレスリングを3年間やってました。

武藤　いいところまで行ったの？

憂流迦　全国ベスト16とかですね。

武藤　県は何県？

憂流迦　静岡県の沼津です。

武藤　静岡？　じゃあ、俺の故郷（山梨）と近えじゃん。魚がおいしいところだよ。沼津学園って柔道でもあったな。

憂流迦　強かったですね。

武藤　いま、歳いくつ？

憂流迦　34です。

武藤　34っていうことは俺がいま61だから、ちっちゃい頃から見ているっていうことだな。

憂流迦　２０００年あたりですね。もうスキンヘッドになられていて。

「ボクがUFCに出始めたときはそんなに変わらなかったですけど、アメリカはスポーツ競技で日本は興行みたいな感じです」（憂流迦）

武藤　俺の本当のいいときじゃないよ。枯れ出した頃だ。

——スタイルチェンジした頃と言ってください（笑）。第二の全盛期じゃないですか。

憂流迦　凄く活躍されていましたよね。身体中にチャンピオンベルトを巻きつけて（笑）。

武藤　そう言われればそうだね。じゃあ、レスリングで大学に行ったの？

憂流迦　いえ、大学に行くより総合（格闘技）をやりたいと思ったんです。

武藤　そっから始めて、総合は総合だけで食っていけたの？

憂流迦　はい。若い頃からなんとか総合だけで。

武藤　食っていけるもんなんだ。たいしたもんだ。

——ただ、憂流迦選手が出てきた頃って、ＰＲＩＤＥもその後継団体のＤＲＥＡＭも終わっていて、いわば日本のＭＭＡ冬の時代だったんですよ。

武藤　いちばん低い頃か。
憂流迦　はい。低迷期にデビューしたので。
――だからこそ、早い段階から海外メジャーを目指してUFCに参戦したんですよね。
武藤　俺、よくわからないんだけど、総合格闘技の世界でもアメリカと日本で考えが違ったりするの？
憂流迦　違うかもしれないですね。
武藤　どういうふうに？
憂流迦　ボクが出始めたときはそんなに変わりはなかったと思いますけど、アメリカはスポーツ競技で、日本はどちらかというと興行みたいな感じですね。
武藤　日本はそうだよね。要は視聴率だったり動画の再生回数が稼げればいいってことでさ。アメリカはきっと強くならないと認めてもらえねえもんな。
憂流迦　勝てないとダメですね。
武藤　UFCでの戦績は何勝何敗ぐらい？
憂流迦　4勝5敗です。
――憂流迦選手は日本人で数少ないUFCでランキング入りした選手ですからね。
武藤　たいしたもんじゃん。UFCっていうのは1試合いくら、それとも年俸？
憂流迦　1試合いくらですね。それを何試合契約かして。
武藤　負けててもギャラは出るってこと？
憂流迦　試合の基本給があって、勝ったら倍で、いい勝ち方をすると5万ドルのボーナスがもらえます。
武藤　なるほど。ニンジンをぶらさげて、いい試合をさせるってことだな。
憂流迦　で、ファイトマネーは勝つごとに上がっていきます。
武藤　じゃあ、負けてるとダメってことか。
憂流迦　ダメですね。すぐクビを切られます。
武藤　たとえば下がる人もいるでしょ？　下がってまた浮上する人もいるの？
憂流迦　なかなかいないですけど、1回ファイヤー（解雇）されて、その後、ほかの団体で活躍したあとにまた戻ってきて、チャンピオンまでいくヤツはいましたね。
武藤　ふ〜ん。だからアメリカのUFCは夢が転がっている感じはするよな。稼げるような仕組みにしてくれるっていうかさ。そこが違う。
――憂流迦選手もアメリカにいた頃、身近にいる世界チャンピオンたちは凄かったんじゃないですか？
憂流迦　そうですね。本当にまわりは世界チャンピオンやトップ選手がたくさんいたんで。
武藤　アメリカにいたことあるの？
憂流迦　UFCに出ていたときはニューヨークに住んでました。

武藤　いいところじゃないか。でも、すでに円も安かった頃じゃないの？

憂流迦　でも、ここまでじゃなかったです。

武藤　俺が最初にアメリカに行ったとき、1ドル210円だからな。

憂流迦　とんでもないですね（笑）。感覚的に倍じゃないですか。

武藤　だからＷＣＷのときは、円に換算したら日本と全然違ったよ。まあ、アメリカでも銀行の口座を作って、日本でもドルのを作ったけど、ドルを下ろすときに1ドルで3円ぐらい手数料を取られるんだよな。凄いかかるんだよ。じゃあ、ニューヨーク州にちゃんと税金を収めてきたの？

憂流迦　そうですね、はい。

武藤　真面目だな。いや、俺もちゃんと収めてたよ。そういうことしないとビザ取れねえもん。

「俺も総合から来てプロレスやったヤツを何人か知ってるけど、みんな意外とプロレスが下手くそなんだよ」（武藤）

――だからおふたりとも時代とジャンルは違いますけど、日本より先に世界のメジャーで活躍したという共通点がありますよね。

武藤　ただ、プロレスのほうはその土地土地で違うからな。歴史上、その風土にあったプロレスが生まれてきたから。メキシコにはメキシコのスタイルがあったし、アメリカにはアメリカのスタイルがあって、日本には日本のスタイルがあって。ただ、いまの日本はなんでもありだけどな。

――あらゆるスタイルのプロレスが見られますよね。

武藤　ヨーロッパにもキャッチっていう、地味なレスリング重視のプロレスがもともとあったけど、ＷＷＥが世界制圧するなかで廃れてしまったけどね。ＵＦＣの場合は競技だから世界共通だろうけど、違いは階級だよな。ボクシングなんかもそうだけど、軽い階級の名称がバカにした言葉なんだよ。「モスキート」とか「フライ」とか。フライ級なんて「ハエ級」だぜ？

憂流迦　そうですね（笑）。

――モスキートはプロだとミニマム級ですけど、直訳したら「蚊級」ですもんね（笑）。フェザーだって羽毛だし。

武藤　ちょっと軽い階級をバカにしたような呼び方をしているよね。憂流迦くんは階級どこだったの？

憂流迦　ＵＦＣでいちばん下のフライ級で57キロでした。

武藤　じゃあ、かなり減量したの？

憂流迦　はい。めちゃくちゃ減量してました。

武藤　うわ、大変だ、減量は。

——憂流迦選手はＲＩＺＩＮでの最後の試合はフェザー級でしたけど、プロレスのリングで闘っていくために、90キロ以上の肉体を作ろうとしているんですよね。

憂流迦　はい。デカくしようとしているんですけど、上半身がまだ全然つかないですね。

武藤　でも、いまはレスラーでもかならずしも身体がデカい必要がない時代じゃん。昔のブルース・リーみたいな身体のレスラーが出てきたっておかしくないよな。ごめん、憂流迦くんは何歳って言ったっけ?

憂流迦　34です。

武藤　34でデビューってだいぶ遅いからね。やっぱりプロレスと総合格闘技でちょっと違うのは、プロレスっていうのは〝職人〟なんだよ。試合中の間の取り方も、ごまかし方も、キャリアがものを言う。経歴が浅いなかで、そこをどうワープさせていくかが凄く重要になると思うよ。

——勢いで一瞬トップを張れることはありますけど、長くトップに君臨するためには経験が必要不可欠ですよね。

武藤　俺の場合は常にマイナーチェンジを繰り返しながら、時には大きくモデルチェンジもして、ある意味で年齢をごまかしたり、衰えを感じさせないようにしていたからね。この前の（1・2有明アリーナの）メインイベントだって、いろいろ物議を醸したけど、要は飯伏（幸太）が歳をとっちゃったんだよ。故障もしているしね。俺の場合は年齢や故障をごまかすためのマイナーチェンジをやってきたけど、たぶん彼はギリギリまで若い頃のスタイルのままがんばりすぎたんだよ。

——だから、ファンも〝かつての飯伏〟を期待しちゃいますもんね。

武藤　今回の丸ちゃん（丸藤正道）との試合も、昔の飯伏みたいなものを追って見たらガッカリしかないからね。ケガもして、年齢も重ねて、徐々に動けなくなって、それでもがんばってるっていう〝途中経過〟を見せてなかったんだろう。

——武藤さんは、その〝途中経過〟を常に見せていたからこそ、40代になったときに、ファンが「20代の武藤敬司」の姿を期待せず、ありのままの「40代の武藤敬司」を見に会場に足を運んでましたもんね。

武藤　そうそう、全然違うんだから。憂流迦くんの場合、デビューしたてだから状況的には逆だけど。キャリアが浅くても、観客にそれを感じさせないようにごまかさなきゃいけないわけだ。そのためには、いままで培ってきた総合格闘技の技術っていうのをうまく利用したほうがいい気がするんだよな。

憂流迦　そうですね。

武藤　その技術っていうのは、相当な時間を費やして身につけた自分の武器であり、ほかの多くのレスラーが持っていないものだからさ。それをどうプロレスに活かすかだよ。ただ、俺も総合から来てプロレスやったヤツを何人か知ってるけど、みんな意外とプロレスが下手くそなんだよ。やっぱり総合にこだわりがあったりするからさ。宇野（薫）くんはうまかったけど、ドン・フライなんか下手くそだからね。

憂流迦　そうなんですか（笑）。

武藤　でも、ＵＦＣのキャラを前面に出して、あれを武器にしたことでごまかすことができてたんだよ。まあ、ドン・フライの頃とは時代が違うから一概には言えないけど、ヒントにはなるんじゃねえかな。

「ムタと真輔さんの試合は作品としてすべて美しいなって思いました。入場から退場までトータルでファイトアートだなと」（憂流迦）

——ドン・フライみたいにＵＦＣキャラを全面に出さなくても、ほかのレスラーには出せない、キラリと光る格闘技術をプロレスのなかで出せたらいいですよね。

武藤　あとは説得力だよな。技の説得力をどう作るかっていうところで、これは多くのレスラーも悩んでいるけど、なかなか難しいよな。

憂流迦　難しいですね。

——総合格闘技で使っていた打撃や関節技を使うにしても、あたかも手加減しているように見えたらダメですしね。

武藤　だけど、たとえば桜庭（和志）のフィニッシュに持っていくような関節の取り方は説得力があったよ。俺たちにはわからないような入り方をしていてさ。俺たちがわからねえってことは、お客さんもわからねえから、そこに興味を惹くわけだ。そういう自分だけの技を発見するのもひとつの手ではあるよね。

憂流迦　ボクも得意技のスリーパーの入り方を磨きたいなという思いがあります。

武藤　あと、いちばん重要なのはお客の感情だよ。お客の感情をどう惹きつけるか。それはやられっぷりもそうだし、ファイトバック（反撃）するときの表情もそうだし。喜怒哀楽だよね。

——お客さんの感情を動かせるようになるのに必要なのも、やはりキャリアですか？

武藤　うん。だって時には悪をやったりとか善玉をやったりとか、いろんなものを経験しながら自分にフィットすることを見つけていく旅でもあるからな。

——だからこそ、憂流迦選手もなるべく多く試合をしたいわけですよね。

憂流迦　巡業も全部出たいですね。

武藤　ただ、俺が新日本にいた最後の頃、ドン・フライをはじめ多くの総合ファイターがいたじゃん。アイツらがいちば

610

ん戸惑ってたのは、やっぱり試合数の多さであったり、旅を続けるなかでのコンディショニングだよ。

――それまでは2～3カ月に一度くらいのサイクルで作り上げていたのが、今日試合をやって明日も試合みたいなことが続くわけですもんね。

武藤　時には寝不足のなかで試合しなきゃいけなかったり。下手したら二日酔いのなかで試合をしたり。

――旅のなかではそういうこともあると（笑）。

武藤　この二日酔いのときの試合なんかが、けっこういい試合したりするんだよ。変な力が抜けて、いいごまかし方ができるわけだからね。そういう経験はないでしょ？

憂流迦　二日酔いで試合をしたことはないですね（笑）。

武藤　そういう経験もキャリアだからな。プロレスってね、ある程度までは誰にでもできるんだよ。たまに芸能人が付け焼き刃でリングに上がったりもするし、どんなどんくさいヤツでも、反復練習と試合をこなしていれば誰にでもできる。でも、そこから上っていうのは、その人が持っている感性だからね。感性が素晴らしいヤツは上にいくし、そうじゃないヤツはそこで終わりだよ。

――感性という意味で言えば、憂流迦選手がプロレスラーになると完全に決めたのが、ちょうど1年前のムタvs中邑真輔なんですよ。

武藤　去年のベストバウトだよ。

憂流迦　あの試合は間違いなくそうだと思います。

武藤　プロレスの試合って、日本のすべての団体を合わせると年間に1000～2000試合ぐらい誰かがやってるからな。そのなかで1位だからな。しかも60歳で。58歳のときも「武藤」で獲ってるし。

憂流迦　あの試合は入場から退場まで、トータルでファイトアートだと思いました。

武藤　というか、チケットを売ったときからすぐソールドアウトになって、その時点でファンの期待というものがあるわけで、このファンの期待を上回る試合をするっていうのは難しいんだよ。

憂流迦　最初からハードルが上がっているわけですもんね。

武藤　しかも人の期待って限界がねえからさ。だけど、あの試合はたぶんファンの期待を超えてたんだと思う。

憂流迦　凄かったですね。ムタと真輔さんがバックステージに戻ったあとも拍手が鳴り止まなかったですからね。あの試合は、作品としてすべて美しいなって思いました。「プロレスって、こんな凄いものが作れるんだ」って。

武藤　MMAっていうのは〝作品〟じゃないの？

憂流迦　一緒です。作品です。ボクはMMAのときでも入場にこだわって、毎回曲を変えてテーマを決めてやってたりとかしていたんですけど。自分が見てきたさまざまなアートと比べても、ムタvsシンスケ・ナカムラは、あんなに食らったことはなかったです。

武藤 MMAでもそういう意識があるヤツはいるよな。昔のPRIDEとかK−1系でも桜庭とか須藤元気は、入場のときにパフォーマンスしてたもんな。須藤元気の入場なんか「コイツ、入場だけでブローアップしちゃうんじゃないか?」って。下手したら試合よりもこっちにエネルギーを注いでるんじゃねえかぐらいしてたよ。

「凝った名前だよね。ムタなんてアメリカ人が〝ムトウ〟って言えないからムタになっただけだからね(笑)」(武藤)

——須藤元気選手なんかはダンサーとかコスチュームを自腹で用意していたので、売れるまではファイトマネーから足が出ていたらしいです。

憂流迦 自分もそうでした。

武藤 自分で用意したの? すげえな。

——それで売れたらのちのち回収できるってことですよね。

武藤 へえ! ただささ、総合のヤツって暴力というものがベースにあるからさ、ちょっと危ういところがあるよな。きのうも入れ墨したヤツが脅迫で逮捕されてたじゃん。

——あれは地下格闘技のほうですね。

武藤 地下と地下じゃないほうがあるの?

——だいぶ違います。

武藤 地下って、マンガに出てくるようなマフィアが金持ち相手に残酷ショーを見せるようなヤツなの?

——それは梶原一騎の世界ですね(笑)。地下格闘技は基本的にプロ格闘家というより、素人のケンカ自慢がやるものです。

武藤 それは前田(日明)さんがやっていたのとは違うの?

——前田さんがやっていた『THE OUTSIDER』がその先がけで、大会を繰り返すうちに才能があるケンカ屋がプロに転向して成功したりもしています。でも基本的にプロとはレベルの差がかなりあるし、地下格に出ている人が事件を起こしたりする例もたしかに多いですね。

武藤 ああいうのは問題だよな。事件を起こしたら、プロも地下も一緒くたに「格闘家が逮捕」ってなるわけだろ? イメージがよくないよな。

——プロレスラーもいまやピンキリですけど、何かあれば一緒くたに「プロレスラー逮捕」ってなっちゃいますもんね。

武藤 プロレスも事件はいろいろあるからな。

——武藤さんの団体も、配下選手が問題を起こしたことがありましたよね。

武藤 ああ、嵐だ。事務所に警察が来たよ。一斉に「動くな!」って言われて。

——そんな経験もしてるんですね(笑)。

武藤 で、「高木のロッカーを見せろ」とか言われてさ。事務所に選手のロッカーなんかあるわけねえじゃん。凄かったよ。

——話が逸れたので戻します(笑)。「佐々木憂流迦」っていうリングネームも新人の頃からなんですよね。

武藤 あっ、本名じゃないの?

憂流迦 本名じゃないです。リングネームです。

武藤 でも俺、最初はなんて読むかわからなかったよ。どうして付けたの?

憂流迦 総合でプロになるにあたって、ボクはプロレスが根底にあったのでリングネームを付けたいと思ったんですね。

武藤 「憂流迦」っていうのはどこから来たの?

憂流迦 ボクはもともと天狗が好きで。

武藤 えっ、天狗って?

憂流迦 妖怪の天狗です。人の形をしながら空を飛んだり特殊な能力を持っていて。

武藤 「ウルカ」ってどう書くの?

憂流迦 「憂う」に「流れる」にお釈迦様の「迦」です。

武藤 天狗なんて文字入ってねえじゃん。

憂流迦 その「憂流迦」がインドのサンスクリット語で天狗って意味らしいんですよ。それで採用しました。

武藤 へえ、全然わかんねえ。凝った名前なんだな。「ムタ」なんてアメリカ人が「ムトウ」って言えないから「ムタ」になっただけだからね(笑)。アメリカ人も「ウルカ」って言えるのかな?

憂流迦 「ウーカ」って言われますね。「ウルカ」はたぶん言えないと思います。

武藤 ムタと一緒だ。佐々木憂流迦がササキ・ウーカになるんだ。

憂流迦 ボク、ムタと同い年なんです。1989年生まれなんで。

武藤 ムタもそうなの? 俺知らないから。

憂流迦 そうなんですね(笑)。

「デビュー戦を映像で見返してみたんですけど、『俺は下手くそだな』と思いました。見るのとやるのとでは全然違ってて」(憂流迦)

武藤 ちょっと憂流迦って、声援しづらい、コールしづらい名前じゃないか?

——いや、大丈夫だと思いますけど。

武藤 大丈夫かな? 同じ苗字の佐々木健介の場合は「佐々木」コールじゃなくて、「健介」コールだった?

——「健介」コールですね。でも、それこそ「ケーンスケ」ってコールしづらかったので、「ウールーカ」のほうが全然コールしやすいと思います（笑）。

武藤　じゃあ、大丈夫か。お客のほうが頭いいからうまくやってくれるよ。あと、いまのプロレスは見かけも大事だからな。新日本なんかきらびやかだもんな。入場コスチュームにカネもかかってるだろう。

——いまは日本にいながらWWEやAEWの映像も見られるから、そっちとも比べられますしね。

武藤　WCWで俺のマネージャーに付いてたゲーリー・ハートっていうのがいたんだけど、その人の教えで「一般の人が手に入るものを身につけてリングに上がるな」っていうのがあったよ。

憂流迦　リング上は非日常、別世界じゃなきゃいけないんですね。

——憂流迦選手もプレデビューのエキシビションではMMAの練習着の延長みたいな格好でしたけど、正式デビュー戦ではしっかりとプロレス用のフルコスチュームでしたよね。

武藤　ショートタイツ？

憂流迦　いや、ちょっとゆとりのあるパンツスタイルで。

武藤　船木（誠勝）が穿いているようなの？

憂流迦　じゃないです。ゆったりとしたロングパンツで、ロングブーツとニーパット、あとはベルトを付けて。

——昔で言うと、サブゥーが穿いていたような感じですよね。

武藤　ゆったりしてるんだ。

——それでシューズは、武藤さんが若い頃に履いていた膝近くまである長いリングシューズで。

武藤　えっ、あれを履いてるんだ。やりづらいでしょ？　ふくらはぎが動かせないからさ。

憂流迦　あれは動きにくいですね。履いて練習して慣らしました。

武藤　で、試合の前に締める紐が多いからさ、めんどくせえんだよ。現役時代によく見ていた夢がさ、「武藤さん、試合です」って言われてるのに紐が結びきれてないっていう。

憂流迦　それ、ボクも何回も見ました（笑）。

武藤　そういう夢を何回も見るんだよな（笑）。

憂流迦　「ヤバい！」って（笑）。

武藤　それがめんどくせえから蝶野はシューズを紐じゃなくてチャックにしてたんだから。アイツは動きのクオリティよりも楽を選ぶから。それであんなカテェ靴底でヤクザキックなんかやるから、痛くてしょうがねえよ。
憂流迦　やっぱり、あの蹴りは相当痛いんですね（笑）。
武藤　蝶野の場合、最小限の動きで魅せる試合の組み立て方や技ってもんを作り上げたんだよな。プロレスってね、デカいヤツとかいろんなタイプと試合をしなきゃいけないから、そういうことも考えて自分が使う技ってもんも考えなきゃいけない。持ち上げる技とか投げ技っていうのは、相手がデカかったり、ウドの大木みたいなヤツが相手だと苦労するから、どんな相手にでもかけられる技ってもんを考えたよ。
——だから若い頃は、相手を選ばずに使えるムーンサルトプレスを毎回出していたわけですよね。
武藤　あれは飛び道具だから、自分が飛べさえすれば誰にでもできる技だから構成しやすいよな。俺の若い頃に新日本にいた外国人レスラーってみんなデカいんだよ。ベイダー、バンバン・ビガロ、スコット・ノートン、トニー・ホームとかさ、本当にデカかった。アイツらを投げるのが本当にしんどくてね。だから当時はコーナーからのミサイルキックとか、そういう飛び技をけっこう使ってたよ。馳とか健介は投げることに自信があって、力もあっただろうから、それを武器にしていたけど。
憂流迦　ボクもプレデビュー戦で征矢（学）さんと当たったんですけど、デカかったですね。いままでMMAでは階級制で、あんなデカいのと対戦することがなかったんで、真っ向勝負しても勝てないだろうという思いはありましたね。
武藤　最初は負けてもいいんだけど、お客の心に残ることをしていかないとよくないよな。それが何かは自分で見つけていくしかないんだけど。
憂流迦　そうですね。
武藤　デビュー戦をやってみて、感想はどうだった？
憂流迦　映像も見返してみたんですけど、「俺は下手くそだな」と思いました。見るのとやるのとでは全然違って、「バタバタしすぎだな」って。
武藤　最初はそういうもんだよ。あとは試合のなかで反撃するときに観客の心をつかむ、〝ファイヤー〟をどう見せるかも重要だよな。猪木さんの場合はそれを「怒り」で表現していて、怒りの顔、首に筋が浮かび上がる顔だけで勝負できたか

ら。そういったものをどう表現していくかだな。

憂流迦　勉強になります。緊張しすぎて言葉が出ないんですが（笑）。

武藤　俺の話を真面目に聞かなくてもいいんだけどね。

憂流迦　そうなんですか（笑）。

武藤　先人たちの言うことを聞くより、いまの時代に求められるものを少し先にキャッチして、自分たちで作り上げていかなきゃ。昔やっていた人たちの言うことを聞いたって、時代は切り開けないよ。

「フランケンシュタイナーみたいな技は、ここぞというTPOに合ったときに出さないと効果が生まれねえからな」（武藤）

――武藤さん自身、猪木さんに否定されながら上がっていったわけですもんね。

武藤　俺、髙田延彦戦（1995年10・9東京ドーム）であれだけみんなに褒められたのに、あのとき猪木さんに怒られたからね。控室に帰ったら「なんだ、あのポーズは！」って。入場で大見栄切ったのをすげえ怒られたよ。

憂流迦　ワハハハハ、なるほど。

――時代を変えていくには、先人の感性が理解できないぐらいのものじゃなくちゃいけないっていうことですね。

武藤　ただ、あんまり踏み外しすぎてもよくないよな。プロレスというなんでもありの世界でも、壊しちゃいけないものがある。そのへんの線引きは感性だよ。いまプロレスで新しいものを作るって難しいんだよ。あらゆるプロレスをお客はもうすでに見ているわけだから。爆破マッチもあれば、人形相手にやるプロレスだってあるんだからさ。そのなかでどうやってお客にチョイスされるレスラーになるかだよな。

憂流迦　異物感があるくらいのほうがいいんですかね？

武藤　かといって、ドン・フライにしても桜庭にしても、これまで総合のスター選手っていうのはすでにいるわけだから、そこことは違うオリジナルを見せなきゃいけない。そこは大変だと思うよ。憂流迦くんは34歳とはいえまだ若いから、女の子が応援する対象ではあると思うから、そっちを狙うのもいいかもしれないけど。結婚してるの？

憂流迦　結婚してます。

武藤　結婚してるのはちょっと損だな。

憂流迦　ワハハハハ！　損ですか（笑）。

武藤　やっぱり女の子はそういう目線で見る層がいるからさ。

――でも、いまは結婚してもアイドルをやっている人がたくさんいるから、いいかもしれないですけどね。

武藤　たしかに時代はそういうふうになってきてるか。じゃあ、もう思い切って、奥さんもリングに上げちまえばいいじゃん。

憂流迦　ええっ!?（笑）。

――また適当なことを言って（笑）。

武藤　日本のプロレス界で、夫婦でやってるのっている？

――夫婦どちらもプロレスラーっていうのは最近増えていますけど、リング上でもパートナーシップを売りにしたトップ選手は、健介さんと北斗晶さんぐらいですかね。

武藤　あの夫婦を最初に利用したのは俺だからな。福岡ドームでやってさ。

――2000年の5・5福岡ドームでやった、グレート・ムタvsパワー・ウォリアーですよね（笑）。

武藤　俺、あの試合で北斗晶にノーザンライトボムを食らってんだよ。健介がどうのこうのより、そこがいちばんの見せ場だから（笑）。

――だからこそセコンドの北斗晶が必要だったと（笑）。

憂流迦　そういう答えがないなかで、お客さんの印象に残ることをやっていかなきゃいけないんですね。

武藤　まあ、スベることもたまにあるけどね（笑）。

――憂流迦選手、武藤さんに何か聞いてみたいことはありますか？

憂流迦　いま、武藤さんのフランケン（シュタイナー）を使わせてもらってるんですけど……。

武藤　ああ、いいんじゃない？　あんなの俺の技じゃないから（あっさり）。

――スコット・スタイナーからちゃっかりパクって（笑）。

武藤　ただ、ああいう技は「ここぞ」というTPOに合ったときに出さないと効果が生まれねえからな。それこそいちばん効果あったのは、新日本でやった真輔戦（2008年10・13両国国技館）だよ。2回目のIWGPタイトルマッチで、俺がムーンサルトも返されて追い込まれたなか、最後の切り札で真輔をフランケンで獲ったっていう。で、そのメモリーがあると信じているから、俺は潮﨑戦（2021年2・12日本武道館）での切り札として使ったんだから。

憂流迦　TPOで効果が全然違ってくるんですね。

武藤　そうそう。毎回出してフィニッシュを定着させる方法もあれば、ここぞというときにこうやってお客のハートに食い込ませるっていう技も必要だよな。

「総合も本質から外れたもので視聴率とか話題を取ろうとしがちですけど、武藤さんはプロレス自体で世間に届かせたのが凄いです」（憂流迦）

憂流迦　技はたくさん持っていたほうがいいんですか？　それともそんなことはないんですか？

武藤　若くて動けるうちはいろんなことを試してみればいいけど、年齢とともに必要ないものは削られていくんだよ。俺も若い頃はスープレックスも使っていたけど、ヒザも悪くなったから使わなくなった。それよりも自分にとっていちばん必要な技、「これが出たらフィニッシュ」という技をいかに作るかが、試合展開も含めて大事だよ。総合格闘技も一緒だと思うんだよね。

憂流迦　たしかにそうですね。ボクも一本勝ちはすべてスリーパーなんで。

武藤　総合格闘技なんて、相手が抵抗しようが何しようが極めるぐらいの反復練習も必要だし、それぐらいの技量がなきゃ勝てねえじゃん。だからスリーパーを使うなら「佐々木憂流迦にスリーパーをやられたら、もう終わりだ」と思わせるものを作り上げなきゃいけない。

憂流迦　そうですね。

武藤　いまノアの試合を見ても、ふたりでコーナー最上段に立って一緒に落ちるような技があるけど、俺に言わせたら、あれは磨きあげた技じゃないよ。俺はあんなの技とは認めない。ぶっちゃけ、真輔戦のグレート・ムタだって、そこまで消費カロリー使ってねえからな。

——いや、本当にそうですよ（笑）。

武藤　危ないことはそんなにしてねえし。

憂流迦　ふたりがリングに立って、向かい合ってるだけで惹きつけられたんですよ。

武藤　たいして動かず、危険な技なんかやらなくても成立して、しかもベストバウトを獲るわけだから。そういう価値観を作るのがプロレスのいちばん難しいところであり、やりがいがあるところなんだよ。ハルク・ホーガンなんて、フィニッシュは単なるギロチンドロップだからね。あれ一発で何千万も稼いで、しかもお客が納得する説得力だよな。

憂流迦　それはやりがいがありますね。

武藤　だからさ、総合を経由してプロレスに来たなら、ほかのヤツができないやり方で鮮やかに極めるとかすれば、売りになると思うよ。あとは足なら足、腕なら腕で、いろんな攻め方をして、その蓄積で説得力を持たせる。要は試合にストーリー性を持たせるっていうのもやり方のひとつだから。

憂流迦　単発ではなくてストーリー性ですね。今日は凄く重要なアドバイスをたくさんいただけて、めちゃくちゃ感動しています。

武藤　そんな気にしなくていいよ。ほとんど俺の独り言だと思ってくれればさ。

――冒頭のワインのおかげで、だいぶ有意義な独り言をいただけましたね（笑）。

憂流迦　本当に勉強になりました。

武藤　陰ながら応援してますよ。

憂流迦　今度、試合映像を持ってくるんで、ぜひ見ていただきたいです（笑）。

武藤　見ようと思ったら見られるんだよ。ＡＢＥＭＡに入ってんだから。ただ、いかんせんね、引退して日常生活を送ってるなかで、なかなか俺にスイッチを押させるまで、プロレス界が導いてくれてないよ。そこはプロレス界全体ががんばらなきゃいけないところだと思うよ。

憂流迦　「どうしても見たい」って思うような空気を作らなきゃいけないわけですね。

武藤　いまって家にいれば映画だってドラマだっていくらでも見られるしさ。でも、そんななかでも大谷翔平の試合とかは見てえもんな。松ちゃんの裁判なんか始まったら、目が釘づけだよ（笑）。

――ガハハハハ！　でも、そういったさまざまなスポーツ、エンターテインメントを押し退けてでも見たいものを作り上げなきゃいけないわけですね。

武藤　だけど年末にＮＨＫの22時ぐらいからのニュース番組で、２０２３年の心が動いたスポーツのトップ20を発表したんだよ。もちろん上位には大谷とかＷＢＣとかサッカーが入ってたんだけど、そういうのに混じって武藤敬司引退試合が17位に入ってたからね。

憂流迦　ＮＨＫで！　それは凄いですね！

武藤　柔道の阿部一二三と妹の詩とかは俺のうしろだからな。

――「世間と勝負する」というのは、猪木さんもずっと言っていたことですよね。

武藤　それがプロレスにとって永遠のテーマだよ。

憂流迦　総合格闘技もそうなんですけど、本質から外れたもので視聴率とか話題を取ろうとしがちじゃないですか。でも武藤さんはプロレス自体で世間に届かせたのが凄いですね。

武藤　だからノアと兄弟会社だけどさ、ＤＤＴがやるアンチョコなやり方は俺はあんまり好きじゃないんだよ。

憂流迦　アンチョコ（笑）。

――バズればＯＫ、ヤフーニュースになればＯＫみたいな（笑）。

武藤　その話題性がちゃんとプロレスにフィードバックされてるのか。ズバリあれだよ、芸能人を使えばいいとか、そういうのは嫌だよな。

憂流迦　ボクもそうですね。外れたもので話題を作ろうとす

るのは美しくない。

武藤　憂流迦くんにはそうじゃないものを作り上げてほしいけど、時間はあるようでないからね。がんばらないと、あっという間に40が来ちゃうよ。

憂流迦　むちゃくちゃがんばります！

武藤　普通、レスラーは40ぐらいになったら昔の貯金で生きていかなきゃいけないんだから。切り崩して（笑）。

憂流迦　切り崩せるくらいの財産を作れるように、必死でやります！

武藤　期待してますよ。佐々木憂流迦がすげえ大スターになってくれたら、その彼が憧れていた武藤敬司の名前もまた上がるからさ（笑）。

憂流迦　そのためにもがんばります！（笑）。

武藤敬司（むとう・けいじ）
1962年12月23日生まれ、山梨県富士吉田市出身。プロレスラー。プロレスリング・ノア所属。
柔道で全日本強化指定選手にも選ばれた実力をひっさげて1984年、新日本プロレスに入門。同年10月4日、蝶野正洋戦でデビュー。早くより将来のエース候補と目され、1985年11月にフロリダ州への海外遠征に出発。帰国後、UWF勢との抗争などを経て、1988年に再度海外へ。NWA（のちのWCW）でグレート・ムタとして大ブレイク。世界的な人気を博すことになる。新日本においてもIWGP王者、nWo JAPANとして活躍するが、2002年1月に全日本プロレスに移籍。全日本退団後はWRESTLE-1旗揚げや『プロレスリング・マスターズ』主催などをおこなう。2021年2月12日、潮崎豪を下し第34代GHCヘビー級王者となり、その3日後にノア入団を発表。2023年1月1日、グレート・ムタvs中邑真輔実現、1月22日、盟友スティングとのタッグ結成を経て、2月21日に東京ドームで内藤哲也、蝶野正洋との2連戦で現役を引退した。3月16日にはグレート・ムタとしてWWE殿堂入りを果たす。

佐々木憂流迦（ささき・うるか）
1989年10月7日生まれ、静岡県沼津市出身。総合格闘家・プロレスラー。
小学生のときにプロレスラーに憧れて格闘技に興味を持ち、高校からレスリングを始める。卒業後に和術慧舟會駿河道場に入門し、2010年4月11日、CAGE FORCEでスネーク敦戦でプロデビュー。修斗、DEEP Xなどで活躍し、2014年8月23日、UFCデビューを果たしローランド・デロームに一本勝ちを収める。UFCでは9戦して4勝5敗。最高ランクはフライ級13位。2018年12月31日『RIZIN.14』でのマネル・ケイプ戦でRIZINデビュー。3-0の判定勝ちを収める。以降は石渡伸太郎、朝倉海と、瀧澤謙太、堀江圭功、クレベル・コイケ、ボイド・アレンと激闘を展開。2023年10月23日、プロレスリング・ノア『MONDAY MAGIC』に登場してプロレスデビューすることを発表。2024年1月2日、杉浦貴戦でプロレスデビュー。続いて1月13日には谷口周平と対戦してどちらも敗戦を喫するが、非凡な闘いぶりでプロレスラーとしても将来を嘱望されている。

坂本一弘

馬乗りゴリラビルジャーニー（仮）

第41回
チョイスとセンス

構成：井上崇宏

（さかもと・かずひろ）
1969年3月4日生まれ、大阪府大阪市出身。
修斗プロデューサー／株式会社サステイン代表。

——坂本さん。ボクは格闘技に関してはスーパーど素人で、しかも運動不足気味、そして意外と高齢のおじさんじゃないですか。

坂本　まあ、その通りですよね。

——そして、いまって乱世ですから、いざ街に出たら何が起こるかわからない。

坂本　まあ、わからないですよね。

——もしもいきなり暴漢、通り魔、酔っ払い、おやじ狩りとかに襲われたらどうする？　そんなことをここ何十年間、毎日考えているほどの緊張感のある人生を送っているおじさんなんですけど。

坂本　大変だよ。その考えてる時間、ジムに行ったほうが効率がいいよ（笑）。

——それで今日はちょっぴりマイルドな想定で、たとえば原チャリに乗ったヤツが歩いているおばあちゃんのカバンをひったくって逃走する現場に遭遇したらどうするか。いわゆる格闘の技を持っている坂本さんならどうします？

坂本　それは絶対に追いかけますよね。

——あっ、状況としては原チャリに乗ったひったくり犯は、向こうからこっちに向かってきてるんです。

坂本　こっちに近づいてきてるのか。それは無理ですね。そんなのに技は通用しないです。だって相手は機械ですから、そんなのが時速40キロでヤケクソで突っ込んできたら俺は負けます。

——えっ、そういうもんですか？

坂本　そういうもんです。こっちもケガをしてる場合じゃないから、まずはよけなきゃいけない。そしてよけてから次にどうするかっていうことを考える。

——あー、格闘家っぽくていいですね。

坂本　あとはおばあさんの状況にもよりますよね。そのおばあさんが倒れてたらそっちに行くことを優先しなきゃいけないし、もしほかの人たちが介抱してるんだったら、俺は犯人を追っかけるか、もしくはとりあえずそいつの姿とか原チャリの車種をスマホで撮っておく。そこって闘うプラス、冷

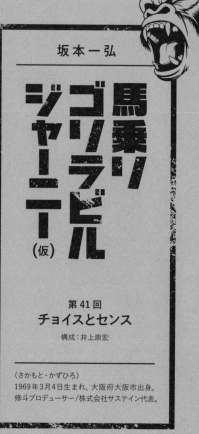

静な機転っていうのが絶対に必要だと思います。

――状況判断ですね。

坂本　最低限、自分の身の安全を確保しながら何ができるかっていう機転、そのときのチョイスっていうのは基本的にセンスなんですよ。着る服だって、ご飯だって、デートコースだって、全部選んだ人のセンスじゃないですか。そこでチョイスミスしたらセンスが悪いって言われる。

――坂本さんもいろいろ考えてるんですねえ。

坂本　人に聞いといて、そんな言い方ねえだろ。あとは、そういう突発的な事態が起きたときのことを想定して、何を鍛えておかなきゃいけないか。もちろん身体を鍛えることも大事ですけど大切なのは機転です。それと引き出し。その引き出しはきっと普段から鍛えていないと研ぎ澄まされないんだけど、引き出しが多いとチョイスできるんですよ。ただ正義感だけで向かっていって「こっちが死んじゃいました」みたいになってもダメだから。

――なるほど。では、ここでボクが長年シミュレーションしてきて導き出した答えをお知らせします。おばあちゃんがひったくりに遭いました、「きゃー！　誰かー！」、原チャリがブ～ンとやってくる。そこではズバリ「フライング・クロスチョップ」ですよ。

坂本　えっ、横からですか？

――横から躍り出る感じのマスカラス型です。

坂本　いやー、プロレス技で選ぶなら俺もチョイスしたいな。それならマスクド・スーパースターのフライング・ネックブリーカーのほうが有効的ですよ。正面からボーンといけるから、ケガをする確率も低い。

――えー？　坂本さんはのちに報道で流される防犯カメラの映像という存在は気にされていない感じですか？

坂本　いや、わかりますよ。そりゃ絵的にはどう考えてもフライング・クロスチョップですよ（笑）。でもね、横から飛んで入るのってリスク高いですよ。

――そのへんは素人だからまったくわかっていないです（笑）。あっ、ひょっとしていちばんいいのはヒジじゃないですか？　そんな余裕はない？

坂本　ないですね。ヒジは面が狭いから空振りする可能性も高い。

――わかりました。聞いといてよかった。

坂本　えっ、なんで？

――だって、ひったくりの原チャリに遭遇したらボクはクロスチョップにいってましたもん。

坂本　見たいですけどね、そういうときにクロスチョップをやってるヤツを。あっ、そうそう、相手の首を持ってグルッと旋回するやつがあるじゃないですか。あれは誰がやってたんだっけ……。

――あっ、棚橋弘至のスリング・ブレイドですか？　変型のランニング・ネックブリーカーですよ。

坂本　あっ、そうそう！　あれもいいと思いますよ。ただ、あれだと相手の首の骨が折れるかもしれないから、過剰防衛でこっちが捕まる可能性もありますよね。

——じゃあ、やむにやまれず「これはいくしかない」となったとき、やっぱり坂本さんはフライング・ネックブリーカーですか？

坂本　いやいや、それはプロレスの技縛りに付き合っただけで（笑）。普通に考えたら、やっぱ原チャリが通り過ぎるときに横から蹴るかな。二輪は横からの攻撃に弱いから。

——ボクが勝手に坂本さんバージョンで想像したら、やっぱり横からドカッと蹴っちゃうのがいいと思うんですよね。

坂本　それがいちばんいいですね。どこを蹴ってもバランスを崩すから。

——それで倒しちゃえば、もうこっちのものじゃないですか。こっちっていうか、坂本さんのもの（笑）。

坂本　でも、やっぱり写メを撮っておくのがいちばんいいと思います。安全という意味では。

——刃物を持った通り魔事件が起きたとかによく議論になるのが、「こういうときのために格闘技をやっておきましょう」みたいなことをファイターが言うと、「そんな無責任なことを言うな。そんな場面に出くわしたら全力で逃げろ。ファイターだってそうするべきだ」みたいな意見が出て、どっちも正しいなって。普段から身体や技を磨いていて、コンディションがいいってほうがよりなんとかなりがち。でも刃物を振り回されたら終わりだし。

坂本　俺も両方ともあると思うんですよ。「鍛えておいたほうがいい」っていうのは間違いない。でも、それは護身術というひとつのビジネス的な側面でもある。そして鍛えてることがマイナスになるわけがなくて、強くなることがプラスにはなるんですよ。でも自分が強くなってるイコール、「俺はコイツよりも強い」っていうのは別なんですよね。きのうの俺よりは強くなってるけど、その相手よりも強いかはわからない。そこを勘違いしたらダメなんですよ。

——たしかにそうですね。

坂本　だから「すぐにそこから逃げたほうがいい」っていうのも間違いないんですよ。

——マジでボクはずっとそんなことばっかり考えてますよ。

坂本　でもね、それを考えてる人にはそれが来ないんですよ。予期せぬことっていうのは、ボーッとしてるからそういうことに遭遇するんであって、常にそれを考えてる人にはそれが起こらないんですよ。

——常に考えているイコール、ビビリの証だと思うんですけど、前に夜中に一方通行の狭い道をクルマで通ってたら、向こうから20代くらいの若者がふらふら歩いて来て、そこでこっちは徐行するじゃないですか。そうしたらそいつは酔っ払ってる感じだったんですけど、いきなりボクのクルマとすれ違う手前で「うえーい」みたいな感じで片足を車道に出してきたんですよ。当たってくる気はなくて、ふざけてブレーキを踏ませてやろうみたいな感じだったんですけど、そこで普通だと「危ねえだろ。なんだよ、おまえ」ってなるじゃないですか。

坂本　なりますね。

——でも夜中だし、もう心臓がバックバク

して「ヤベえヤツだな……」みたいになって、そのまま通り過ぎたんですけど。
坂本　正解。
――ですよね。でも、それは冷静な判断でスルーしたわけじゃないんですよ。ただビビっちゃったんですよ。
坂本　それでいいんですよ。
――でも神話上というか（笑）、妄想上のボクは「なんだよ、おまえ？　ふざけてんじゃねえぞ」って言ってたと思うんですけど、現実はそうじゃなかったっていう。
坂本　でもね、井上さんは人間だけど、人間だって動物じゃないですか？　動物ってそんなことはしないし、無闇に危険なところには行かないんですよ。そんなわけわからないことをしてるのは人間だけなんです。だから動物としては正しいことをしてるんですよ。
――なるほど。
坂本　動物はまず危険回避だから。だって動物が1対3の状況で無闇にいくわけがないじゃないですか。だいたいライオンとかだってアイツらは強いとかいっても、ゾウとかを集団で襲ってますからね。ゾウ1頭に対して5、6頭でいってるわけじゃないですか。だから人間も一緒で、3人くらいが集まってくると悪ふざけをしたりとかするわけじゃないですか。メンツだとか人の目を意識しだしてくるから。
――そう考えると、フライング・クロスチョップというボクのチョイスもかなり人間っぽいですよね。絵的なところだったり、おもしろも入れ込もうとしてますからね（笑）。うわ、すげえ納得した！　そもそもプロレス自体が人間でしかありえない行為ですもんね。ボクシングとかレスリングは動物でもやってることですけど。
坂本　なんか、ひとりで違うテーマの答えを見出したようですけど（笑）、だからいちばんケンカになりやすいのはメンツですよね。引くに引けなくなってやっちゃって、それでおかしなことになって騒動がデカくなるっていう。
――メンツですね。ボクの「もしも、おばあさんがひったくりをされて、その原チャリが向かってきたら」っていうのも、そんな弱者からひったくるようなヤツは根性なしに決まってるから、ちょっといけんじゃねえかっていうメンツが入った想定ですもんね（笑）。
坂本　まあ、そうですね。
――それならクロスチョップも決まるんじゃねえかって。しかも下町の商店街でっていう想定ですよ。ボクも深夜の六本木の路上で出くわしたひったくりに対してクロスチョップをいこうとは思わないですから（笑）。
坂本　だから自分の想定のなかでの過信というか、べつにいいんですよ、それは空想の世界なんで。自分が頭のなかで好き勝手な物語を描いてると思えば（笑）。
――夢見がちなおっさんじゃないですか（笑）。
坂本　そうですよ。俺は最初からずっとそう思って話を聞いてましたよ。

KAMINOGE COLUMN

おもしろい人はなぜおもしろいのかを
調査する好評連載・第37回

エアコンぶんぶんお姉さん

[a.k.a AIR-CON BOOM BOOM ONESAN]

またも世に飛び出してきた大学お笑いからの強豪は
その日の気分で生きてきた！ 芸人として、音楽家として、
ついでにルッキズムについて唸る回答を披露!!

収録日：2024年1月8日
撮影：工藤悠平
聞き手：大井洋一　構成：井上崇宏

「いろんな好きなお笑いを
パッチワークしてやっても全部ウチになるから
『いいじゃん。これでずっとやろう』
みたいな感じですね。だからこそ何か新しくて
革命的じゃないとやっている意味が
あまりないのかなと」

新星・令和ロマンの優勝で幕を閉じた２０２３年のM－１グランプリ。

その優勝が決まった瞬間、ボクの近くで見ていたNSC関係者が崩れ落ちた。

「これはNSCが大学お笑いに敗北した日や……」

令和ロマンのふたりも東京NSC23期で、NSC出身ではある。しかしNSCに入る前から慶應義塾大学のお笑いサークル「お笑い道場O-keis」に所属し、「魔人無骨」というコンビを組んで大学お笑い界ではすでに活躍していた。NSCの叩き上げというより、大学お笑いのサラブレッドという存在。

お笑いとは、家も裕福ではなく、学もないし、顔もよくない。持たざる者の最後の希望、だと思っていた。

逆に、学歴があるのにお笑いの世界に来るなんて、よっぽどの変わり者、という扱いだった。

ところが、時代は変わり、いつの間にか大学お笑い出身の芸人が増え、学生時代からステージを経験している彼らは実力はもちろん人気もあり、その経歴がブランドのようになっていった。

大学お笑いとは何か。

そんな漠然としたことを探るべく、大学お笑いの端っこにいたというエアコンぶんぶんお姉さんを招いて、端っこから見た大学お笑いを語ってもらったんですけど、なんだか最後はなんか励まされて終わりました。（大井）

「学生のときはライブで手応えはなかったというか、べつにウケてるけどチャーミングじゃない感じ」

——お姉さん。〝お姉さん〟っていう呼び方でいいですか？

エアコンぶんぶんお姉さん（以下、こんねき） はい、なんでも。

——お姉さんは専修大学出身でいま24歳。いわゆる「大学お笑い」の出身なんですよね？

こんねき　大学お笑い出身のほうが都合がいいときはそう言ってる感じで、そうじゃなかったらべつに名乗らない。

——都合がいいときっていうのは？

こんねき　いま流行ってる友田オレとか惹女香花なんかもお笑いサークル出身だし、現役生のうちから有名になっている人もいるから、そういうのを求められていそうだなっていうとき（笑）。

——令和ロマンという慶應のお笑いサークル出身がM－1で優勝して、新時代が来てるなって感じがしますよね。お姉さんはもともとお笑いが好きだったんですか？

こんねき　お笑いは気になる存在だったというか、そういうサークルがあるなら入ろうかなって。スタッフとかでもよかったんですけど、私の代は部員が6人しかいなくて、全学年でも30人いないかなくらいだったので。

――じゃあ、自分もネタをやってみるかと。ライブとかするんですか？

こんねき 文化祭みたいなのがあるんですけど、そのサークルはみんなウチみたいなヤツばっかりだったから……。

――ごめんなさい。「ウチみたいなヤツ」っていうのが、まだどういうヤツなのか全然わからないんですけど。

こんねき なんて言うんだろ、責任感のない人間？ だから文化祭の日に教室を申請するのを忘れちゃってライブができないみたいな年とかもあって。

――学生時代に4回しかないのに⁉

こんねき 4分の1を潰す感じで（笑）。あとは学生お笑いのエントリーライブっていうのがあって、そこにエントリーして当時のコンビでだったりピンで出てやったり。

――お笑いサークルはなんていう名前ですか？

こんねき 「専修大学落語研究会お笑い企画 STRIP GUN CLUB」ですね。

――その長めの名前のサークルは強かったんですか？

こんねき めちゃ弱かった（笑）。落語研究会だから50年くらいの歴史があるらしいんですけど、STRIP GUN CLUBというお笑いサークルになってからは、たぶんまだ10年も経ってないと思います。

――その歴史で部員も少なかったら、そのなかでお姉さんはスターでしょ？

こんねき たしかに輩出は少ないんですけど、私の1個上にアニメのコスプレをする男性のユーチューバーとかがいて、その人はけっこう登録者数もいてアニメ好きな人には知られてる存在みたいな。ヴィレヴァンとコラボしたりとかもしてて。

――サークルに入った当初、ネタをやってみてどうでした？

こんねき 最初は「こんなに覚えられないものか」と思って。

――でも自分で作ったネタでしょ？

こんねき そのときは漫才もやってて、基本はウチと同級生だった相方がネタをいっぱい作ってくれてたんですよ。で、おもしろかった。だけど全然覚えられなくて毎回飛ばしてたんだけど、夏休みとかにお金を払って20本くらいライブに出たりして。

――何千円か払って出るやつですよね。そのときはプロになろうっていう気持ちだったんですか？

こんねき あまりなかったですね。

――目標があるわけじゃないのに、ひと夏で20本もライブに出るってけっこう大変じゃないですか。

こんねき だから普通にお金がなかった（笑）。バイトをして、そのお金を突っ込んで出てるから。ただ、なんか出ていないと

気が済まないみたいな感じだったんですよ。でも手応えはなかったというか、べつにウケてるけどチャーミングじゃない感じ。

「たぶんウチは学生お笑い初の、なんにもやっていないのにプロに来ちゃった人だと思います（笑）」

――チャーミングじゃないっていうのはどういうことですか？

こんねき　んーと、いまのウチがチャーミングだとしたら、当時はだいぶチャーミングじゃなかったんですよ。これでプロとかはないかな」みたいな感じだったし、ウケるときは凄くウケるけど、ウケないときはもう0人なんじゃないかっていうくらいスベってたし。でも、べつに自分がやりたいやつでウケたらそれでよかったから。

――ウケなかったときって反省会とかするんですか？

こんねき　当時は20本出ていて、やりたいネタも20本くらいあったんですよ。

――べつに今日のネタはウケなかったけど、まだまだストックはあるぞと（笑）。それでひと夏で20本ネタをやって、テレビをつけたら知ってる顔が芸人としていっぱい出ていますよね。「あそこに行きたいな」っていう意識にはならなかったですか？

こんねき　当時から学生お笑いが人気で、大人からも気にされている存在ではあったんだけど、私の体感ではいまほどじゃなくて。だから「学生お笑い？　は？　なにそれ？」みたいに思ってましたね。

――えっ、自分も大学のサークルにいるのに？

こんねき　私は何かで優勝したとか結果を出してるわけじゃないし、いちおうひねくれてる人間の集団にいたので「はあ？ウザいんですけど～」みたいな（笑）。

――「勝手に盛り上がっちゃってさ」と。大学お笑いのなかの王道っていうと、やっぱり早稲田とか慶應とかになるんですかね？　ラランドのサーヤさんは上智ですけど。

こんねき　そうですね。そのあたりが主力というか。

――そこでのヒエラルキーってあるんですか？

こんねき　やっぱ規模の大きいサークルにはおもしろい人が多いというか、1組のネタをみんなで作ったりとかするし、ネタ見せ会とかだったりで「それ、変えたほうがいいんじゃない？」みたいに意見を出し合えるというか。

――お笑いの事務所でやっている闘い方を、大学のサークルでもやっているわけですね。専修にはそのシステムがなかったんですか？

こんねき　いっさいなし（笑）。

――じゃあ、その日の舞台で誰が何をやるのかもよくわかってない。

こんねき　わかんない。で、「けっこうおもしろかったじゃん」くらいの感じで終わり（笑）。

——お笑いサークル出身の人って、学生時代にある程度の手応えを掴んでからプロの世界に向かう人が多いと思うんですけど、お姉さんはそういう感じではなさそうですね。

こんねき　たぶんウチは学生お笑い初の、なんにもやってないのに来ちゃった人だと思います（笑）。

——手応えなしのままNSCに入った（笑）。

こんねき　だからウチは友達は少なかったけど、「プロに行く」って言ったらまわりからけっこう驚かれて。

——「えっ、おまえが？」と。そのとき、同級生の相方はどうしたんですか？

こんねき　いまNSCの1年目なんじゃないかな？

——相方は遅れて入ったんですか？　同級生ですよね？

こんねき　あっ、私は大学3年の期間をNSCに使ったんですよ。

——えっ、そこまでの熱とか手応えはなかったのに、卒業まで待ちきれなかったんですか？（笑）。

こんねき　ノリ重視だから。

——「ちょっとNSCに行っちゃう？」みたいなノリって、普通に生きてたらないでしょ！

こんねき　アハハハハ。それを決めたのが「学生お笑いなんてウソだもん。虚構だもん。ウチはプロになるんだもん」みたいな気分の1週間だったんですよ。

——「アマチュアのなかのノリでしょ。私はプロでやるから」みたいな気分のときがあったんですね。

こんねき　その前の週とかは「一生、みんなとこうやって遊んでいれたらいいや」みたいな感じだったけど。でも、そのときに紙を出していなかったらプロになっていなかったかな。で、その1週間で親も説得できちゃって。

「NSCは学生お笑いと空気が全然違う。一生の付き合いになる相手だってみんなが思ってる感じがする」

——「芸人になりたい」と言う娘に、お父さんはなんて言ってました？

こんねき　「おまえは大学でお笑いを始めてから悪い子になった」って。「えっ、悪い子になったかな？」って思ったけど、そういう気分の1週間だったんで「悪くてもいいもん！　ウチは夢を叶えるんだ！」とか言って、その日の気分のくせに強く出ちゃって。

——「娘の夢を応援してくれないの！」と。

こんねき　それで親は応援するってことになって、「よしもとならお金を出す」って。

――お父さんの、そのよしもとに対する厚い信頼感はなんですか（笑）。

こんねき お父さんはお笑いがめっちゃ好きだから、「よしもとならいいよ」と言うから「じゃあ、ウチはよしもとに行く！」みたいな（笑）。それでお父さんが書類とか全部やってくれて。

――行政書士みたいにやってくれたんですね（笑）。

こんねき だけどNSCで友達が全然できなくて（笑）。

――やっぱりNSCと学生お笑いの空気って違いましたか？

こんねき 全然違いますね。やっぱ一生の付き合いになる相手だってみんなが思ってる感じがする。学生お笑いの雰囲気って、仲良くなりたい人とだけ仲良くなればよくて、どうせ4年で終わりだし、それ以降も仲良くしていたい人と仲良くしていればいいじゃないですか。でも「プロのお笑い芸人になる」っていう気持ちを1個踏み込んでるから。

――そこでの同期は、一生の同期ですもんね。

こんねき 一生仕事仲間だし、めっちゃバカにしてたヤツがめっちゃ売れるかもしれないし。っていう恐怖を背負ってる感じとか。学生お笑いの人の「いや、俺はおもろいんだよ」っていうのと、NSCでの「俺はおもろいんだよ」っていうのではアピールの感じがけっこう違くて。具体的に全然思い出せないけど、なんか全然違うんですよね。

――思い出してくださいよ。NSCのほうがプロ意識が強いなって感じですか？

こんねき うーん、そうですね。で、ウチはNSCの雰囲気のほうが好き。でも学生お笑いをやっていた人のなかに「どうせ学生お笑いをやってないんでしょ？」みたいなテンションの人もいて。

――それはサラブレッド感を出してる？

こんねき そう。「俺たちはもう先にやってるし、お笑いもいっぱい見てるから」って。「はあ？」みたいな。

――そこをずいぶん毛嫌いしますよね（笑）。同じところにいたのに。

こんねき でもウチも意志のない人間だから、「学生お笑いなんて虚構だよね」っていう日もあれば「ウチもやってたし！」っていう気分の日もあるし（笑）。そうやって気分が定まらない感じになるのは、さすがになんの結果も出さなさすぎて「はあ？」とか言ってるしかないから（笑）。

――ひとりでNSCに入って、いままでは作っていなかったネタを作るっていう作業があるわけでしょ。

こんねき ヤバかったです（笑）。まず、急にNSCに行っちゃおうって決めたから本当にヤバくて、みんなは4月から入って、超コロナだったんでZoomとかで授業をしてて、ウチは6月から入ったんですよ。そのときにはもうコンビを組んでる人もいるし、みんなでZoom飲み会をしてたりしてて。

――入った同期の仲間たちで。

こんねき　だからウチ以外は、もうみんなけっこう仲良くなっていたんですよ。

――あの、どうして、みんなから遅れて6月に入学だったんですか？

こんねき　ウチが急に入りたいって言い出して、それでお父さんが「NSCのお金は出す」って言ってたけど、「だけど、そういえばお金がない」ってなって。

――ということは、そんなに裕福な家庭ではなかった？

こんねき　正直、裕福なんだけど。

――どういうこと!?

こんねき　そのときはお父さんが、なんかクルマがぶっ壊れたとかでたまたま貧乏だったんですよ。それでちょっとだけお金を貯めようっていう期間があって（笑）。

「自分の人生に他人の能力が関わってくるのってめっちゃ非効率的だなと。そんな仕事ヤバくない？」

――それで貯まったお金で入学金を払ってもらって、6月から合流したと。

こんねき　そうしたら2カ月でみんな友達になってるし、そもそもコンビ入学って人もいるし、もうネタ見せをやっていたから「アイツはおもしろい」「アイツはもういいや」みたいなのもすでにあって。だからウチもコンビを組んだけど、凄く余ったヤツが相方っていうか（笑）。

――2カ月間、身体が空いてた人ですからね（笑）。

こんねき　その時点ですでに3回くらい解散してる謎なヤツで、やっぱその人はコミュ力があるんですよ。

――何度も組むだけあって（笑）。

こんねき　解散してる回数はコミュ力と比例してるんで（笑）。男の子なんですけど、それで普通に友達みたいになって、ウチはそいつしか友達がいないみたいな。M－1に出たかったから「ちょっと一緒に出てくれませんか？」ってお願いをして、「いいよ」みたいな感じで8月に組んでもらって、それで1年間ずっとやってました。

――なんていうコンビ名だったんですか？

こんねき　タナカ電機っていうコンビで、プロになってからも1年くらいやってましたね。でも何も起きなかった（笑）。

――いまキャリアとしては何年目なんですか？

こんねき　3年目で、よしもとにピン芸人として登録してからはちょうど1年経ったかなくらい。

――コンビを解散をしたのは、やっている途中で「この人じゃないな」みたいなことが起こったんですか？

こんねき　毎日思ってた（笑）。

――それは相方に言えたんですか？

こんねき　毎日言ってました。だって自分の人生に他人の能力が関わってくるのって、めっちゃ非効率的だなと思って（笑）。

――要するに他人である相方がどうなるかによって、自分の売れる売れないとかが決まってしまうのが嫌だった？

こんねき　そう。「コイツにかかってるとか、そんな仕事ヤバくない？　ちょっと考え直そう」みたいな感じになって。だけど解散すると決めてからもけっこう長かったけど、その時期はめっちゃ楽しかったです。好き勝手やりましたから。

――どうせ別れる人だと（笑）。それからピンになって、ひとりでネタを作り出すんですね。

こんねき　じつはコンビのときから漫才を書いてたんですよ。やっぱもともと書いてたわけじゃないから、それがかなりしんどくて「こんなつもりじゃなかった……」と思って。

――どういうつもりだったんですか？

こんねき　もともとウチっておもしろい人を見つけるのが得意で。だから「誰かおもしろい人を見つけて、その才能を活かそう」と思って探してたんですよ。

――そして、おもしろい人に良きようにしてもらおうっていう。かなり他人の能力に委ねた話をしてますけど（笑）。

こんねき　でも最初にまず友達ができなかったから、「やっぱり学生お笑いと一緒で、おもしろいヤツから友達ができていくシステムか？」と思って。

――そんな人生のシステムに絶望した。

こんねき　「マジでウザいんだけど！　このシステム、なんなんだよ！」とか思って（笑）。そこから「ネタ見せとか出たほうがいいよ」って言われて「そりゃそうだよね」みたいな。でも自分でネタを書きたいっていう気持ちがそもそもないから。

――いろいろナメてますよね……。

こんねき　アハハハハ！　だからウチはおもしろいかどうかはさておき演技力を見せようと思ってやってたけど、やっぱウチっぽさが出ちゃうというか、ウチって凄くやりたいことがありそうな感じに見えるみたいで。

――こだわりが強そうな雰囲気がありますよ。

こんねき　それで誰からも声がかからず、友達ができず、その唯一の友達と組むしかなかったみたいな。そうなったとき、向こうが書いてきたネタはやっぱつまらなくて、ウチにはちょっとやってみたいネタもあったから、じゃあ最初はウチが書くかみたいな。そのままずっと書き続けることになって「これじゃ、何も変わんねえじゃん」みたいな感じになり、それでピンでＴＨＥ Ｗにエントリーしたら、その年に準決勝まで行けて、そこでやっと友達ができて（笑）。

――それまで以上に存在を知ってもらえたことで。だけどもうピンでやるから、じつはもうそこまで友達を必要としてなかった（笑）。

こんねき　ただ友達が増えただけみたいな。

「歌のほうはおじさんたちと一緒にやってるんですけど、こんなにやりたいことがあるおじさんってヤベぇじゃん！って（笑）」

――そこから『脱力タイムズ』に出たりとかして、いまは何かしらの手応えを掴んできている最中ですか？

こんねき　うーん。あんまウチの思った通りにはなっていないけど、思ってもいないことがいっぱい起きてうれしいみたいな感じ。もともとテレビとかあまり気にしてなくて、有名になりたいマインドでもなかったから。

――どういうマインドだったんですか？

こんねき　地道、地道で。自分でネタを書き始めたら「地道でいいや」って思った。ウチが好きなことだけやりたいし、それをいいと思ってくれた人がひとり増え、もうひとり増え、知ってる人は知ってるくらいの感じで単独とかも埋まって、そこで好きなネタだけやってなんとかなればいいやって。ずっとバイトをしててもいいから、みたいな気分でいたんだけど、「テレビとかもあるんかい！」ってなって（笑）。

――そりゃあるでしょ（笑）。自分がテレビに出ることを想定してなかった？

こんねき　想定してなかったです。

――自分が好きなネタだけで200～300人くらいのキャパを埋める感じのライブを年に何回かやって、「エアコンぶんぶんお姉さんっておもしろいよね」とか言われるのがいいなと思っていたわけですね。

こんねき　それで自分の意欲を満たせるだろと。そうしたらテレビがあって、どんどん考えなきゃいけないことが増えてきて。

――テレビと舞台はまた違いますもんね。

こんねき　正直、ずっとパニックが続いている感じ。

――あとは歌のほうの活動もあるでしょ。

こんねき　ヤバい、マジ！（笑）。才能があるって大変なことだなと思って。「やっぱウチの才能がバレたか～」みたいな。

――「搾取されてるわ～」って感じですかね。

こんねき　「ヤバいわ。でも、できちゃうからなあ」みたいな（笑）。

――歌に関しては「歌が得意です」って言ったら声がかかったんですか？

こんねき　知り合いの人に「ウチ、マジで歌うまいんだよね。合唱部とか入ってたし」とか言って、歌がうまいかどうかの根拠って歌を聴くしかないじゃないですか？　でも「ウチ、歌うまいんだよ」って言ってただけで信じてもらえて、「親友で音楽をめっちゃやってる人がいるから紹介するよ」ってことになって。

――それでＣＭＪＫさんを紹介してもらったんですね。

こんねき　ウチはよくわからなくて、「えー。おじさんたちなんだ……」とか思って。

――「感覚とか大丈夫?」みたいな（笑）。

こんねき　「まあ、おじさんの友達だからおじさんだよね」と思って（笑）。そうしたら当時のマネージャーが「俺、知ってるよ。凄い人だよ」とかよろこんでて、よしもとのほうに話をしてくれて。「よろこんでるし、じゃあやるか」みたいな。それでミュージックビデオを1曲出して終わりとかでもよかったんだけど、最初に3曲とか作ってくれちゃって、「えっ、やりすぎなんですけど」みたいな（笑）。

――歌に関しては、どこまでタッチしてるんですか?

こんねき　歌詞は自分です。ウチは歌唱、歌詞だけ。

――歌のほうの目標は何かあるんですか?

こんねき　大人次第なのでわかんない。たとえばウチが「目標は武道館です」とか言っても、大人が「いいえ。それは違います」って言うかもしれないし。そりゃ悪いようにはなりたくないから「最悪じゃん」みたいなことだけは避けてくれれば。もちろんウチのやりたいこととか、こんなふうになったらいいなっていうのもあるけど、あまり想像しないようにしてる。大人次第だから（笑）。

――またしても「他人に自分の人生を決められるのはヤバい」という主張とは違ってきてますが（笑）。

こんねき　本当にそうですね（あっさり）。でも大人側は作品に欲がこもりまくってるというか、「いままでいろんな音楽を作ってきたけど、80年代の外国のノーウェイブ的なところは誰もやったことがなくて、売れセンではないけどそういうのを作りたいし、やりたい」みたいな。意欲ある提案みたいな感じ?

――本当にやりたいことを、若いコのフィルターを使ってしっかりやりたいっていう。

こんねき　そう。そこで「売れそうだからやろうよ」とかなら「え〜、じゃあ、また今度ね〜」って感じなんだけど、どうもそうじゃなさそうで、「こんなにやりたいことがあるおじさんってヤベえじゃん!」みたいな（笑）。

――アハハハハ!　芯があるクリエイティブなんですね。

こんねき　そう。「やりたいことがあるおじさん」ヤバいよ。それで「ウチにしかできないかも」ってことを割り振ってくれたから、「これならいいね」って思いました。「じゃあ、ウチの力でなんとかなるところまではがんばりますよ」みたいな感じです。

「美人だっていうのはあまり精神的に関わってくるものではなく『美人だといいことがありそう』っていうだけです」

――そして芸人としては、ネタをどんどん作っていく感じですか？

こんねき　どんどん作ってます。ただ、自分のなかで「これは新しいね～」って思えないと出せないというか。もっと言うと「これはちょっとおもしろくないかもだけど、新しいからオッケーです」みたいな感じで出しちゃう（笑）。

——新しいか、どうか。そういうジャッジも、ピンだと自分しかできないですからね。

こんねき　自分のなかでけっこう革命的なことが起きてないと出せないです。

——ほかの芸人さんに影響を受けたりとか、ネタを参考にしたりとかもするんですか？

こんねき　もちろん。もともとお笑いが好きだったんで、NSCの面接で好きな芸人はマジカルラブリー、ダイヤモンド、ZAZYとかって答えてて。

——そういう人たちのようなネタを作りたいのか、好きだけど自分が出すものは違うって感じなのか、どっちですか？

こんねき　ああいうネタを作りたい日もあるけど、そうやっていても似合わないし、結局上手にできないから「こういうのもあるよね～」っていうふうにしか思わないようにしてる。だから、好きなお笑いをパッチワークして、それをウチが着るみたいなテンションっていうか。どうやっても自分が中身を埋めたら全部ウチになっちゃうってことに最近気づいて、「いいじゃん。これでずっとやろう」みたいな感じですね。だからこそ、自分のなかで何か新しくないとやってる意味があまりないかなって。ネタをやるのが凄く好きってわけではないけど、書くこと自体が好きだし。

——文章を書くのが好きなんですか？

こんねき　文章はめっちゃ好きですね。歌詞とかも文章ではあるし。エッセイとか書きたい（笑）。

——女芸人という括りで、「こんなのいいな」とか「このポジションはいいな」とかって思う人はいます？

こんねき　自分は音楽とかやり始めちゃったし、美人だし、ネタも変だし、ってなったとき、誰も参考にすることができなくて。

——あの、すみませんね。やっぱ「美人だし」の自覚はあるんですか？（笑）。

こんねき　もちろん。えっ、美人じゃん（笑）。

——自覚があるんですね。それは「これが変なビジュアルだったら、もうちょっとネタをがんばろうかなっていう意識にもなるけど」みたいなこと？

こんねき　美人だっていうのはあまり精神的に関わってくるものではないかな。「美人だといいことがありそう」っていうだけでしかない。でも美人じゃないと思い込むことも、美人だと思い込むこともしたくないから、鏡を見て美人だと思ったからそうだと思うっていうだけです。

――自分のビジュアルを見て、「あっ、美人だな」と。

こんねき 「けっこうかわいいかも」「でも、たまにブスな日もあるるな」みたいな感じ。でも美人な人が「私、あまりかわいくないですよ」って言うのも、ブサイクな人が「私、美人ですよ」って言うのも悲しいじゃないですか。だからいちばん悲しくないのは正当評価。自分で凄く美人だとも思わないし、だからといって「じゃあ、ブスなんですか?」って言われると「違います」っていう。これ、どう表現すればいいんだろうな?(笑)。

――謙遜することがいいとは思わないってことですね。

こんねき そう。それはせつないし、それで悲しかったことがけっこう多い。ウチがかわいいと思ってる人に「かわいい」と言ったら「かわいくないよ」って言われて、「えっ、なんでウチのことを否定するの?」っていう気分になるじゃないですか。だから正当評価が大事で、いい絵を見て「いい」と言うかどうかでしかない。だからといって「この人はブサイクだな」とかもあまりなくて、まずブサイクな人っていうのをウチはあまり見たことがない。

――それ、石田純一さんも同じこと言ってましたよ。「みんなブスブスって言うけど、ブスってどこにいるの?」って。いまって「イケメン」とか「美人」って言うことも、ルッキズムだと批判されがちな世の中ですが。

こんねき それはウチもずっと考えてることというか。でもウチのなかでは凄く納得していて、自分がブサイクだと思うとブサイクになっちゃうんですよ。それは本当のことで、自分に対して自信がない部分を見つけて、そこを隠そうとすることによって逆にそこが見える。だから自分のことを「美人」とか「ブサイク」とかじゃなくて「チャーミングかどうか」で判断すると、自分からブサイクとかの枠組みから離れていってブサイクじゃなくなるんですよ。そうやって別軸に行くと、みんな本当に美人になります。ウチとかあまりかわいくなかったんだけど、お笑いを始めてから「卑屈になったりしてるとおもしろくないな」と思うようになって。そうじゃなくて「ウチってけっこうよくね?」みたいな感じでやってたほうが楽しいじゃないですか。

――そうすると、また一方では「自分のことをかわいいと思ってんのか」っていう反感も買ったりしがちじゃないですか。

こんねき まあでも、かわいいし、そういうことを言ってる人はどんどんブサイクになるから、放っておけばどっかに行くかな。無視しておけば、その人は一生その盆地から出ることができないんで(笑)。でもウチが美人なのは、美人とかを考える時間が少ないからでしかないから。

――どういうことですか?

こんねき　「美人のほうがいいよね」とかってあまり考えていないから美人になった。みんな、自分がカッコいいかどうか気にするかな？

――気にする人も多いと思います。ボクもしますよ。

こんねき　そうしてるうちは一生カッコよくなれません！

――あっ、なれない!?

こんねき　もうそんなこと考えてる場合じゃないから。もっと仕事とかしたほうがいい！

――失礼しました。そうですね、カッコいいかどうかを考えてるおじさん、ヤバいですよね。仕事、がんばります！

エアコンぶんぶんお姉さん
（えあこんぶんぶんおねえさん）
2000年3月13日生まれ、山梨県出身。芸人。吉本興業所属。NSC東京校に26期生として入学。養成所在学中に「女芸人No.1決定戦 THE W 2020」の準決勝に進出する。2021年4月にプロデビューすると、同月に『全力！脱力タイムズ』（フジテレビ系）に出演して話題となる。2023年7月、『キクテレミルラジ265』（BSよしもと）の火曜MCに就任。同年9月に「THE W」でふたたび準決勝に進出し、鬼越トマホークが選ぶ「大会サポーター賞」を獲得した。「AIR-CON BOOM BOOM ONESAN」名義で音楽活動も展開し、プロデュースは電気グルーヴの初期メンバーとしても知られるCMJKが担当している。

大井洋一（おおい・よういち）
1977年8月4日生まれ、東京都世田谷区出身。放送作家。『はねるのトびら』『SMAP×SMAP』『リンカーン』『クイズ☆タレント名鑑』『やりすぎコージー』『笑っていいとも！』『水曜日のダウンタウン』などの構成に参加。作家を志望する前にプロキックボクサーとして活動していた経験を活かし、2012年5月13日、前田日明が主宰するアマチュア格闘技大会『THE OUTSIDER 第21戦』でMMAデビュー。2018年9月2日、『THE OUTSIDER 第52戦』ではTHE OUTSIDER55-60kg級王者となる。

TARZAN by TARZAN

ターザン バイ ターザン

はたして定義王・ターザン山本は、ターザン山本を定義することができるのか？「猪木という人間に対して100の思いを持つことによって新日本プロレスに存在していられるわけでしょ。藤波が純度100とすると、長州と前田は愛憎が50ずつで100。心のなかでは100を超えてるのが木村健悟。そこで木戸さんは100なのか80なのか50なのか20なのか0なのか、まったくわからないわけですよ!!」

ターザン山本！（たーざん・やまもと）1946年4月26日生まれ、山口県岩国市出身。ライター。元『週刊プロレス』編集長。立命館大学を中退後、映写技師を経て新大阪新聞社に入社して『週刊ファイト』で記者を務める。その後、ベースボール・マガジン社に移籍。1987年に『週刊プロレス』の編集長に就任し、“活字プロレス”“密航”などの流行語を生み、週プロを公称40万部という怪物メディアへと成長させた。

絵　五木田智央　聞き手　井上崇宏

第五十二章

猪木直系の権利

「猪木にサッとついて行ったことで、藤波は生粋の直系であるという権利を100パーセント独占したわけですよ！」

――今年は年明けから立て続けに大変なことばかり起きていますが、昨年12月11日に木戸修さんが、12月29日にはキラー・カーンさんが亡くなられました。

山本　お相撲さんの寺尾さんも亡くなられたよね。60歳で。

――そうですね。12月17日に。木戸さんは73歳、カーンさんは76歳で、カーンさんは山本さんと同学年ですよね？

山本　そうそう。カーンさんは早生まれで、生まれた年は違うけど学年は同じですよ。キム・ドク（タイガー戸口）さんが昭和23年（1948年）の早生まれだから、学年だとひとつ下でね。

――というわけで、今日は木戸さんとカーンさんについてお話してもらえたらと思います。

山本　あのね、だからといって、ここであのふたりの思い出ばかりを語ってもつまらないわけですよ！　だから今日は「キラー・カーン論」と「木戸修論」を俺はやろうとしてるわけ。いい？　ちょっと説明がだいぶ回り道するけどやっちゃうよ？　まず、ふたりを語るうえでのキーワードはなんだと思う？

――なんでしょう？

山本　（いきなり立ち上がって）結局、キーワードは「アントニオ猪木」なんですよ！　猪木さんを軸にして考えると、いろんなことがわかってきたわけ！

――ここでもアントニオ猪木が。

山本　（ドカッと椅子に座り）1972年3月に大田区体育館で新日本プロレスが旗揚げしたでしょ。猪木は日本プロレスを追われるように出て行って、新日本を旗揚げしたわけよね。当然のように外国人レスラーのブッキングルートはカットされて、一流レスラーをひとりも呼べない。テレビ局の放映もついていないし、地方のプロモーターもそんなに協力的ではない。もともと資金もない。もうボロボロのニッチもサッチもいかない丸裸の状態で新日本はスタートしたわけですよ。

――いわゆるインディー団体として。

山本　そこで日本プロレスを追われたアントニオ猪木に即座について行ったのが藤波辰爾（当時・辰巳）なんですよ。藤波という人は大分県の国東半島の田舎で生まれて、身体は小さかったし、たいしたスポーツ歴もないわけですよ。それなのに日本プロレスの門を叩いた。その発想がすでに藤波という男の凄さを表してる！　だってさ、どう考えたって出世できるはずがないわけですよ！

——天下の日本プロレスで。

山本　相撲や柔道やアマレスから入ってきた連中とは、身体の大きさがひと回りもふた回りも違う。しかも彼らには基礎体力がある。そのなかにぽつんと入って行ったら永久に下働きで終わることが確定なのに藤波は日本プロレスに入門した。このセンスは本当に天才的だよ。そして猪木が日プロを出て行った、そこのビッグチャンスを藤波は見逃していないわけですよ。サッと猪木について行ったわけよ。ほかのレスラーにとっては、そんな海の物とも山の物ともつかぬ、肯定する材料は0というのが猪木の新団体なんですよ。そんなの、普通はついて行かないですよ。

——怖さしかないですよね。

山本　怖い！　だけどおもしろいことに北沢（幹之）さんや山本小鉄さん、柴田勝久さん、そして木戸さんと藤波さんが合流した。猪木が日本プロレスを出て行くことになったときに退団届を出したんよ。ここで重要なのは、そのことで藤波は猪木の生粋の直系であるという権利を１００パーセント手に入れて独占したわけですよ！　それが出世するはずのなかった藤波辰爾のプロレス人生をすべて好転させるわけですよ！

——いち早く猪木さんと行動を共にしたことで。

山本　でね、その最初の一発目に猪木について行かなかったのがキラー・カーンと木村健悟なんですよ。

——出遅れたと。そのふたりは坂口征二さんと一緒に１９７３年4月に新日本に移籍してきたんですよね。

山本　彼らはなぜ最初から猪木さんについて行かなかったんだよ。キラー・カーンと木村健悟はそこで大いなる判断ミスをしたというか、結果的には判断ミスではないんだけど、そのことは彼らののちのレスラー人生を決めていくわけですよ。結局、旗揚げメンバーではないから。

——会社でもアルバイト先でも、オープニングスタッフがずっと偉いみたいなところがありますからね（笑）。

山本　だからキラー・カーンと木村健悟は猪木直系という資

格を獲得できなかった男たちですよ。藤波さんが猪木直系の権利をすべて獲ってしまったから、そこからいくらがんばっても二番手、三番手になってしまうんです。でも、おもしろいのが木村健悟はじつは藤波さん以上にアントニオ猪木ファンなんですよ。

――心酔しているわけですね。

山本　そうじゃなきゃ自分の子どもの名前に猪木寛至の「寛」をつけませんよ。でも先に藤波さんに猪木を取られたもんだから、木村健悟は自分が猪木ファンであることを言えないんですよ。そういう苦悩が木村健悟にはあったわけですよ。

「プロレスラーとして成功する要因として猪木主義と反猪木主義が半々。それを実践したのが長州力と前田日明ですよ！」

――本当ですか、それ？（笑）。

山本　一方のキラー・カーンも、藤波が猪木の跡目という不動の地位にいるから、のちに長州力がジャパンプロレスを作ったときにそっちに行ってしまうわけですよ。それもまたカーンさんの運命を狂わせるんだよね。どうして長州のところに行ったのかというと、自分は猪木の直系ではないという根本的なアイデンティティがあったからですよ。木村健悟もその資格が与えられていないけど、ＵＷＦにも行かないし、ジャパンにも行かないから、いちばん中途半端な立場になったわけですよ。心は１００パーセント猪木さんなのに。

――身体つきもよく似ていると言われてました（笑）。

山本　それでカーンさんは最終的に長州からも見放されたということで、プロレスを引退して、料理が得意だったから飲食店を始めてね。それと歌が得意だから歌手にもなって自分でレコードを出したりしてさ。

――『ふるさと真っ赤っ赤』とか。

山本　真っ赤っ赤！　それでカーンさんは剛竜馬と肩を並べるくらいの博打好きなんですよ。もうヤバいほどの借金を作るんですよ。そういう一面もあるなかでカーンさんはスナックを新宿の中井からスタートさせて、そのあとちゃんこ屋で新宿とか新大久保を転々としてね。黄昏というか流れ者というか、そういう運命を辿ってしまったのは、すべて最初に猪木さんについて行かなかったからなんですよ。

――そこはまずギャンブルをやめればよかったのでは（笑）。

山本　それでさ、猪木さんが出て行ったあとに日本プロレスはガタガタになるわけよね。そのときカーンさんは新潟出身だから同郷の馬場さんの全日本プロレスに行けばよかったんよ。馬場さんのところに行けば、同郷だし身体はデカいからかわいがられるわけじゃないですか。だけど馬場さんにもついて行かなかった。いちいちもの凄くデカい判断ミスをしたことがカーンさんの悲劇の人生の始まりだったんよ。

——各局面での判断ミスで。

山本　それで全部決まってしまうんよ！　猪木のところにすぐさまついて行った藤波さんは、ああ見えて凄く勘がいい人なんだよね。

——あらためて思ったのは、新日本の旗揚げに参加した人たちって猪木さん以外はみんな身体が大きくないですね。

山本　そうそう。日本プロレスはグレート小鹿さんにしろ上田馬之助さんにしろ、みんな大型レスラーじゃないですか。デカくてゴツくて、むさ苦しい、非常にややこしくて変な人ばかりが山ほどいるわけじゃないですか。そのなかで藤波やキラー・カーン、木村健悟、木戸とかはわりとピュアな存在だったんよ。だからピュアに100パーセント猪木主義で突っ走ればよかったんよ。でもね、プロレスラーとして成功する要因としてはもう1パターンあって、50パーセントは猪木主義で、残りの50パーセントは反猪木主義。このパターンもまたあるわけですよ！

——足して100パー。

山本　それを実践したのが長州力と前田日明ですよ！　猪木さんのことは尊敬しているし、その魅力にハマってもいるんだけど、なんかイライラして反発したい部分もある。その猪木主義と反猪木主義が半々であるという生き方を貫いたのが長州と前田で、それが大成功する秘訣なんですよ。だから猪木の反対側にまわらないといけないという理屈もあるんよね。そして木戸修に話を移します。

——木戸さんは最後までどんな人なのかわからせてくれない人でしたね。

山本　リーゼントヘア。日焼け。物静か。無口。ノーパフォーマンス。盛ってしゃべらない。あの人は100パーセント等身大で、プロレスラーのややこしさがまるでなかったわけですよ。だから取り立ててプロレス的なおもしろさというものがなくて、まるで存在が無印良品みたいな人なんですね。

——目立ちはしないけど、品質はとてもいいものですよと。

山本　木戸さん本人にとってはそれが心地よかったわけですよ。いろいろ語られないし、あれこれ取り上げられないことで、自分のペースで生きていける。

——そんなプロレスラーもいるんですね（笑）。

山本　奇跡的に木戸さんがそのタイプだったんですよ！　だからスキャンダラスなこともなく、藤原（喜明）さんのような変な自己主張もない。

——主張がないから、くすぶることもない。

山本　長州みたいに年中イライラしているわけでもなく。

——イラ立ちもない。

山本　非常に透明感にあふれた無印良品なんですね。だから最期もスーッと消えるように亡くなっていったんだよね。ガンで闘病していたことも亡くなってから初めてわかるわけですよ。亡くなったこと自体も新倉（史祐）さんが言ってしまったために発覚した。

「ゴッチイズムでのし上がったのは藤原喜明だけど、ゴッチ本人がいちばん好きだった男は木戸修だという伝説がある」

——第一報は新倉さんのX（旧ツイッター）でのつぶやきでしたね。

山本　あれで表に出てしまったわけだけど、そのことを新倉さんがあとでもの凄く悔やんだんだよね。木戸さんには「俺が死んでも公表するな」という意思があったのにフライングしてしまった。木戸さんの思いに反したことをやってしまったという。

——死んだことすらもニュースにするなという、それが木戸さんのダンディズム。

山本　要するに〝逆エンタメ男〟なんですよ。とにかくそっとしておいてほしいと。だからインタビューに行った人は最初に木戸さんからこう言われるんですよ。「俺に話を聞いても、おもしろい話はひとつもないよ」と。それで老後のために現役中から財テクしてアパート経営をやってね。

——早々にアパート経営をされていましたね。

山本　そうして悠々自適な老後の生活が描かれていたわけですよ。それなのにガンになって亡くなるわけだから、人間の運命って不思議だよね。人生ってのは、はかないよね。

——でも、娘さん（木戸愛）をプロゴルファーに育て上げたりもして。

山本　あのときだけは父親として、木戸さんが初めて嬉しそうに表に出てきたわけですよ。

——プロレスラーとしての自分はどうでもいいけど、娘のためならと。ちょっと待ってください、木戸さんってリング上よりもプライベートのほうを優先していた人生だったってことですか？

山本　そうそう。リング上は完全に仮の姿なんですよ。本命じゃないわけですよ。

——オフこそが本当の俺。

山本　そういう非常にユニークな人なんだよね。木戸さんも藤波さんと一緒に日プロに退団願を出して猪木さんのところに行ったわけだから、猪木直系ではあるんだけど、新日本が猪木イズムという路線を走るようになってからはどうもしっくりこなくて大きな出番がないわけですよ。だから藤波さんと一緒に海外修行でヨーロッパにも行ったけど、普通だったら凱旋帰国したときにもてはやされるじゃないですか。そういうお膳立てが木戸さんにはなかったんよね。だけどね、そこで木戸さんは猪木じゃなくてカール・ゴッチから薫陶を受けるわけですよ。本来は猪木という人間に対して自分が100の思いを持つことによって新日本プロレスに存在していられるわけでしょ。藤波が純度100とすると、長州と前田は愛憎が50ずつで100。そして心のなかで100を超えてるのが木村健悟。

——内心100超え（笑）。

山本　そこで木戸さんは、100なのか80なのか50なのか20なのか0なのか、まったくわからないわけですよ。

——測定不能（笑）。

山本　本人は何も話さないから、どう思ってるかがまったくわからない測定不能状態なわけですよ。そして木村さんは「俺は猪木さんが大好きなんだ！」っていうことを言えないという苦悩をずっと抱えてる。

——いやいや、べつに言やあいいでしょう（笑）。

山本　それでさ、カール・ゴッチで考えるとおもしろいのが、猪木を独り占めしたのが藤波なら、ゴッチを独り占めしたのは藤原喜明でしょ。関節技の鬼として、ゴッチイズムを具体的に継承してのし上がったのは藤原さんだよね。だけど藤原さんと一見同じようなタイプなのに、木戸さんにはそういうこともなかったわけじゃないですか。ゴッチを軸にすると藤原さんが陽で木戸さんは陰ですよ。でもゴッチ本人がいちばん好きだった男は木戸修だという伝説があるわけですよ。

——「マイ・サン」ですよね。

山本　そうそう。「木戸は俺の息子だ」と言っていたと。藤原のことを「俺の息子だ」とは言わないわけですよ。ゴッチからいちばん愛されていたのは木戸さんなんですよ。

——それはなぜなんですか？

山本　（急に小声になり）あのふたりはね、どっちも綺麗好きなんですよ……。床にゴミが1個でも落ちてるとダメなんですね……。

——綺麗好きで意気投合（笑）。

山本　お互いに汚い人や汚いところはダメという潔癖性だったんですよ。だから関節技とかのゴッチイズムじゃなしに、人間性のゴッチイズムが木戸さんは100なんですよ。関節技の技術的なものは0なわけですよ。

——0ではないでしょう（笑）。

山本　ただひたすらにキドクラッチだけをやったわけですよ。とにかくね、なんらかの形でゴッチイズムを持っていないとストロングスタイルはできないわけ。鈴木みのるもそうでしょ。西村修はゴッチとドリー・ファンク・ジュニアで二股をかけたけど。それで藤波さんは自分では意識していなかったのに、ある日、ゴッチイズムが100になったんよ。

「ここ数年、カーンさんは店に来る客にも猪木さんの悪口ばっか言ってた。とにかく新日本への恨みつらみが凄かった」

——えっ、猪木100で、ゴッチも100？

山本　それはどういうことかと言うと、ゴッチから伝授されたドラゴン・スープレックスをマジソン・スクエア・ガーデンで披露したでしょ。あのね、ゴッチさんから技を伝授されたのは藤波さんだけなんですよ。だから藤波辰爾は猪木イズムとゴッチイズムを両手に花という形で手に入れたストロングスタイルの最大の後継者だったんですよ！

――いや、サソリ固めもゴッチさんから伝授された技ですよね。

山本　あっ、長州の？　でもね、あのサソリ固めっていう技は地味でさ、効いてるのか効いてないのかわからないじゃない。

――めっちゃ効いとるわっ！　私情は挟まずに話をしてください。

山本　そういった意味で言うと、新日本の門を叩いた人間は、猪木イズムとゴッチイズムのふたつをどのような形で自分なりに吸収して、かっさらっていくかということが問われていたし、実際にそれが運命を決めたということなんですよ。だからみんなゴッチ詣をしたわけじゃないですか。亡くなってからも日本のお寺に墓を作って、そこに藤原さんや木戸さんなんかはお参りに行くわけじゃないですか。だけど藤波さんはあまりゴッチさんのお墓には行かないんだよね。そこがまたおもしろいところで、ゴッチさんはみなさんにおまかせしますよという藤波さんの絶妙なセンスというかバランス感覚があるわけですよ。そこに自分は立ち入らないんですよ。

――お洒落なんですね。

山本　そうそう。だからハッキリ言ったら、木戸さんとカーンさんは猪木を取り損なった人生というかさ。

――木戸さんの場合は、取りにいく気があったのかもわかりませんが（笑）。

山本　だからここ数年、カーンさんは店に来る客にも猪木さんの悪口ばっか言ってたでしょ。

――猪木、長州、坂口の悪口ですね。

山本　あとは新間（寿）さんも。その4人への恨みつらみをガーッと言いまくる日々というか。でも、それって自分が新日本と心中するという精神がなかったことの結果なんだよね。それは本人もわかっていたはずだよ。カーンさんは引退試合もやってないもんね。とにかく新日本への恨みつらみがあるので、カーンさんはテレ朝とか新日本に対して自分の過去の試合映像を流すことを一切禁止にしていたんだよね。だからカーンさんの試合はもう見られないじゃない。

――そうだったらしいですね。自分が映っている映像を使うならカネをよこせと。

山本　そこまで言うこと自体がもうおかしいもん。MSGの決勝でアンドレと試合をやったとか、そういうもの凄く大きな足跡も残しているのに消させてるんだよ。そこもまたカーンさんの要領の悪さというか、生き方下手というか。上手な判断、世渡りがまったくできなかった人ですよ。それで「ギャラを中抜きされていた」という悪口をずっと客に言っていて、あまりにも同じことばかり言うからみんな嫌になってきてね。

——かたや木戸さんはノンストレスで余生を過ごしていた。

山本　木戸さんは「とにかく俺にはかまうな」と。「スーッとフェードアウトして、静かな人生を過ごしてるんだから取り合わないでください。絡まないでくださいね」というプロレスラーとして非常に立派な生き方だよね。スーッと消えていくっていうことはプロレスラーの理想なんですよ。だから寺西（勇）さんもそうでしょ。いまどこで何をしているのかわからないじゃないですか。

——そんな木戸さんも、引退後は新日本の道場のコーチをやっていましたよね。中邑真輔たちの世代は木戸さんから基礎を教わっていて。

山本　そこで木戸さんがいったい何を教えたのかという興味はあるねえ（笑）。

——めちゃくちゃ厳しかったらしいですよ。

山本　木戸さんはコシティを振るのが得意だったでしょ。

——引退後も、自宅でも振ってましたからね。

山本　あれはハッキリ言ってさ、ひとりぼっちならぬ、ひとりゴッチですよ（得意げな表情で言い切る）。それで自己満足できるというのは非常に立派な人だよ。誰にも迷惑をかけない。でも猪木さんは人騒がせな人間が好きだからね。何か失敗するとか、スキャンダルを起こすとか。

——不完全な人が好きですからね。

山本　未完成で未熟な人。だけど木戸さんはあまりにも完璧すぎて、猪木さんも手を出さなかったわけですよ。そういう人が新日本のなかにいたというのが珍しいよねえ。

「カーンさんは人がいいからズルさとかアクがなかった。でも、そういう人こそが悪役をやると成功するんだよね」

——しかも旗揚げから（笑）。
山本　だって荒川真さんにしろ、栗栖正伸さんにしろ、みんな野心とか欲望の塊じゃないですか。そういうのが木戸さんには全然ないわけですよ。
——だから試合で仕掛けられることもなければ、誰の踏み台にもならないし。
山本　相手にしない、相手にされないことで自分は自由であるというね。
——でも木戸さんって、意外と腰が軽いというか、新日本もそうだし旧UWFにもスッと移籍したりしますよね。そこは猪木イズムみたいなのがあるのかなと。
山本　UWFができたときだって、木戸さんにはまったく関係ないんだけど、ゴッチさんが「こっちに来い」って言ったから「はい、わかりました」っていうだけ。それは本当の話ですよ。

——そうなんだ。

山本　木戸さんってドロップキックはやっていたけど、技も凄く少なくてスープレックスとかはやらなかったよね。

——ミニマリスト。木戸修とカール・ゴッチって、ふたりきりのときにどんな会話をしていたんですかね？　間が持つのかな（笑）。

山本　興味あるねえ（笑）。でも、お互いに何もしないんだけど阿吽の呼吸で心地よかったんじゃないの？　会話がなくてもごきげんというか。

——木戸修の好きな女性のタイプとかも気になりますよね（笑）。

山本　女性に関してもシークレットだったじゃないですか。結婚をしても奥様がどんな人なのかわからないまま、娘さんがプロゴルファーとして世に出てきて。カーンさんは外国人の奥さんと結婚したんだよね。それで子どももできたけど、うまくはいかなかった。でもまあ、ふたりとも浮いた話はなかったよね。

——カーンさんは自分だけがモテないことに悩んでいて、小林邦昭さんから「小沢さん、ヒゲを剃ったらいいよ。顔が怖いもん」って言われてヒゲを剃ったら新間さんにめちゃくちゃ怒られたんですよね。「その顔が売りなのにモテようとするな！」って（笑）。

山本　カーンさんは存在からして怪物だもんね。エレファント・マンみたいなものじゃないですか。

——そこを猪木さんも買ってましたよね。「あの顔はカネになる」と。

山本　買ってた。でもカーンさんは人がいいからズルさとかアクがなかった。自分から売り出そうとする気持ちもない。上田馬之助さんも一緒だよね。でも、そういう人こそが悪役をやると成功するんだよね。ヒールになると思いっきりできるというか、変身できるんよ。だから小沢正志からモンゴリアンということでキラー・カーンになって。

——蒙古の怪人。

山本　上田さんは金狼となって成功したというね。

——だから長州力にはヒールが似合わないですもんね。人が悪いから（笑）。

山本　めちゃくちゃ悪いですよっ!!

——山本さんは、馬場さんからキラー・カーン評というのは聞いたことはないですか？

山本　あー。あのね、日プロの新弟子時代に馬場さんが遊びでカーンさんにチョップをぶちこんだりしていたらしいんよ。それがもの凄く痛かったってカーンさんは言ってたね。「おまえも新潟出身か！」って、からかい半分でチョップをね。

——驚くくらい、めっちゃ薄いエピソード（笑）。

山本　いや、あとは……お互いに巨人だよね。

——木戸さんもカーンさんも、レスラー仲間とつるんでいた印象が薄いですよね。

山本　あのふたりは一緒になって飲み歩くとか、遊ぶ、バカをする、そういうことをしないわけじゃないですか。それをやらない限りは仲間意識は生まれませんよ。木戸さんはもちろん性格的にやらない。

――まっすぐ帰宅（笑）。

山本　カーンさんの場合は、一緒に飲み屋に行くとまわりが怖がって嫌がるから、困るというか邪魔くさい。カーンさんはあれだけ料理が好きで毎日店に出ていたのに、なんであれだけ店を潰していったのかね？　普通なら本人が店に毎日出ていたらお客が来るじゃないですか。それでも成功しなかったというか、何軒か潰していったわけじゃないか。やっぱり博打好きだからだよね。しかも晩年はちょっと頭がもうろくしていたというか……。

「木戸さんはキドクラッチでファンに愛された。カーンさんはアメリカで成功をおさめた非常に貴重な存在だった」

――雪で滑って大怪我をされたこともありますしね。

山本　だから勘定をしていてもさ、料金が正常じゃないみたいな。

――料金が正常じゃないとは。

山本　なんか倍の料金を請求して客と揉めたりとか、そういうのがあったらしいんですよ。

――それは悪気なく間違えて。

山本　うん。俺なんかもカーンさんから「この料理がオススメだよ。これは俺からのサービスだよ」って言われたから食べたのに、伝票にはちゃんとその料金も含まれているわけですよ（笑）。あるいはなんてことはない日本酒の一升瓶にカーンさんのオリジナルのラベルを貼って、「これはねえ、日本に1本しかないんだよ」って、一見さんに1万円とかで売ってしまうわけですよ。でも、ちゃんこは本当にうまかったね。量もたくさんあって。

――残念ながら本当に晩年はずっと恨み節でしたよね。『KAMINOGE』で前田日明さんと対談していただいたことがあって、前田さんが現場に着く前、「いやー、今日はもう前田選手と長州の悪口をいっぱい言うよ！」って言うから「いや、カーンさん。ウチはそういう雑誌じゃなくて、前田さんもそういう内容になるのは本意じゃないと思います」って言ったら、「えっ、前田選手はもう長州と和解してるの？」ってすげえ残念そうな顔をしたんですよ。それでも収録では長州力の昔の女関係とかのエグい話をしゃべりまくったんですけど、そこは普通にカットしたらもう怒りの電話ですよ。「カットしたってことは、俺がウソをついてるとでも思ってるの!?」って。

山本　新日本で育った人たち特有の波乱含みの人生というか

さ、やっぱり猪木とゴッチというのを媒介にしないと成り立たないというのが証明されたよね。そのふたつの柱が重要で、そことどういう接触をしたかということで運命が決まってしまうというもの凄い証明だよね。

――木戸さんって、キドクラッチで一世を風靡したじゃないですか。前田さんとIWGPタッグを獲って。あのときはスポットライトがまぶしくて、木戸さんも居心地が悪かったんですかね（笑）。

山本　それもだし、木戸さんがUWFに来たときにみんなで木戸さんを持ち上げようとしたじゃない。

――総当たりリーグ戦で優勝しましたよね。

山本　それはまわりの気遣いなのか、やさしさなのか、UWFに来てくれたことへのお礼なのか。

――あれはリアリティを持たせるためじゃないですか？　いままで地味だった存在が、いざ実力主義の場だとこういうことが起こるよっていう。

山本　そういう形でUWFイズムを証明しようとしてピックアップされたのなら、それは木戸さんの本意じゃないことだよね。木戸さんにとっては迷惑だったかもしれない。

――「キドクラッチなんて気の利いた名前をつけないで」って思ったかもしれないですね。「そんなキャッチーな名前にしちゃうと流行っちゃうよ」って（笑）。

山本　実際にトレンドになったもんね。木戸さんにとって唯一のトレンドがキドクラッチですよ。一瞬の返し技なんだけど、そういった意味では変にファンから愛されたところがあるよね。カーンさんはアメリカでは成功をおさめたじゃないですか。アメリカのほうが肌に合っていたし、ジャパニーズスタンダードは彼には向いていなかったということですよ。ある意味では日本で唯一無二の怪奇派だったわけじゃないですか。非常に貴重な存在だったのにもったいない。

――そして返す返すも、木戸さんの猪木度が測れなかったことが惜しまれますね。

山本　まったくないのか、じつは持っていたのか、あるいは迷惑だったのか、無関心だったのか、木戸さんに関してはまったくわからないわけですよ。すべてがラベルのない無印良品なんですよ。

――木戸さんが嫌いなレスラーとかっていたんですかね？

山本　だから汚いとか、臭いがするとか（笑）。綺麗好きだったから、そういうレスラーは嫌だったと思うよ。だからグレート・アントニオとかは嫌だったろうねえ。

――キドクラッチしたくない（笑）。

山本　しかし、俺と同年代の人たちが逝ってしまうのは、本当にさみしいねえ。

米のとぎ汁を基材に混ぜて一晩寝かせたのを
ダンボールに戻して
準備OKです
第111話 たい肥
よし廃棄の食べ物を入れよう
仮面サンクス
吉泉知彦
たい肥になるとしても食べられるものを……
ポイ
ポイ
心が痛むな
うーん
店長
今日1日分だけで
もういっぱいなんですけど
やっぱりこれって
家で出る生ごみ用ですね
500円とは言え何個も買えないぞ
ダメじゃん
ダメですね
うーん

最近、「新潟の二度泣き」という言葉を覚えました。（編集部）

店長
巻 予約受付
米ぬかコンポストっていうのがあります
えー
もういいよー
これはすごいですよ
お金がかかりません
米ぬかコンポストやってみよう
精米所で米ぬかタダでもらえて
地面に穴を掘るだけなんですよ
米ぬかコンポストやってみよう
ちょっと米ぬかもらってきます
しょうがないな
たっぷりもらえました

ほー
これが米ぬかか
でどうすんの
えっと
地面に穴を掘って食べ物のゴミを入れて
米ぬかをまいて
ばふっ
土と混ぜます
そしてブルーシートを掛けて
1日1回かき混ぜます
すると米ぬかが発酵して
土の微生物が食べ物を分解してくれるみたいですよ
へー
これなら無限に捨てられますね

一カ月後
店長見てください
なんだよ
一番最初のコンポスト
ほぼ土になってます
ほら
これってたい肥ですか
たい肥ですよね
ん？
くんくん
どうすか
すーはー
見たことないから
わからない

KENICHI ITO

涙枯れるまで泣くはうが Eマイナー

VOL.38

大晦日の思い出

伊藤健一

（いとう・けんいち）
1975年11月9日生まれ、東京都港区出身。格闘家、さらに企業家としての顔を持つため"闘うIT社長"と呼ばれている。ターザン山本！信奉者であり、UWF研究家でもある。

2023年大晦日の『RIZIN.45』は、所英男など関係が深い選手も出なかったので、会場には行かず、ABEMAでの自宅観戦となった。知り合いの試合だと、当コラムの記念すべき第1回のお題でもあった弥益ドミネーター聡志選手が新居すぐる選手と対戦。1ラウンドはカーフキックを有効に使い、私もその戦略には唸ったほど完璧な試合展開を見せたが、2ラウンドに新居選手の右パンチを食らってKO負け。試合後、本人とも話したのだが、戦略を実行し続けることも大切だが、ひらめきというか感性で動くことも大事だったと反省していた。

弥益自身は本来、感性で動くこともできるタイプであるのだが、RIZINでは賢い人キャラなので、自身もそのキャラ設定に囚われてしまっていたのかもしれない。感性で闘うことができる気持ちと、フィジカルも備わっていると思うので、次戦の弥益の戦略に注目したい。

今回は日本人対決が多く、平本蓮vsYA-MAN、久保優太vs安保瑠輝也、皇治vs三浦孝太など、お互いに絶対負けられない対決も多かったので、プロとして正直レベルが低い試合も多くあったが、闘う選手たちの必死の思いが伝わってきて、個人的には非常に楽しめた。RIZINではマッチメイクが日本人vs外国人、外国人vs外国人だと、勝敗の興味はかなり薄れてしまうので、日本人同士、負けたらどちらかが脱落する対決を組んでくれると、レベルが低くても見応えはあるので今後もどんどん組んでほしい。

大晦日の格闘技は、PRIDE時代からずっと会場で見てきたので、いろいろな思い出がある。

2011年の『元気ですか!! 大晦日!!』では、当時チームメイトだった菊野克紀が、長島☆自演乙☆雄一郎とMIXルールで闘った。大激闘の末に克紀が勝利し、控室で頭を冷やして休んでいたところに、DEEPの佐伯代表が「宮下くんが死んだ……」と泣きながら報告に来て、祝勝ムードから一転、みんなで号泣して控室は大きな悲しみに包まれた。宮下トモヤ選手とはたまに一緒に練習をしたり、何度か同じ大会に出場したり、彼が入院しているときに、彼への募金をしたら長文のお礼メールをいただいたりと、それなりに交流があったので、非常に悲しい大晦日だった記憶がある。

そのあと「桜庭和志&柴田勝頼vs澤田敦士&鈴川真一」という試合があり、なんでこの興行でやるんだ？と、私は戦前まったく期待していなくて、誰も控室モニターで見ていなかったタッグマッチが、とにかくとんでもない試合で、ひとりで見ていた私はひっそりと大興奮してしまった。私と井上編集長は、その試合をここ20年で、プロレスでいちばん興奮した試合と、いまだに語り合うことがある。もし機会があれば、ぜひ見てほしい。

思い返せば、髙田延彦と初めて話したり、ヒクソン・グレイシーに柔術黒帯昇格を祝ってもらったのも大晦日のバックステージだったし、どの大会のなんの試合か忘れたが、エメリヤーエンコ・ヒョードルが勝利したあと、テレビ放送の時間調整でバックステージにいたので、チャンスと思い写真をお願いしたのだが、お国柄なのか、それとも私のタイミングが悪かったのか、めちゃくちゃ無愛想で怖かった（結局、写真は無理やり撮ってもらった）。一方、ヴァンダレイ・シウバは、こっちがお願いをしていないのに写真を撮ってくれるくらいノリがよかった（笑）。

2003年の、いわゆる〝猪木ボンバイエ騒動〟のときは、私は髙阪剛の格闘技スクールの生徒だった。そのクラス中に、当時マッチメイクに関わっていた上井駅長から髙阪さんに電話があり、ヒョードル戦が決定した瞬間を見た。その電話を切ったあとの髙阪さんは、一気にバトルモードになり、クラスの指導中にもかかわらず身体から殺気が溢れてしまっていて怖かった記憶がある。

最終的にヒョードルの対戦相手は、ご存知の通り、新日本プロレスの永田裕志になったので、本当に舞台裏は二転三転のズンドコだったのだろう。

さて、今年で伊藤健一コラムも4年目に突入。去年は怪我で手術などもあり、格闘技の試合もできなかったので、今年はあの日の髙阪さんのように殺気をまとって、ガンガン試合にも出ていきたいと思っております。

マッスル坂井と
真夜中のテレフォンで。

1/9

MUSCLE SAKAI DEEPNIGHT TELEPHONE

「甲本ヒロトさんが『生産的であろうとすることはカッコ悪い』って言ってました!? 俺はいつも会社で『生産性を上げろ』ってずっと言ってるからマジで恥ずかしいですよ。でもね、生産性の低さが楽しいとかって、もうカタギの世界では言いづらいんですよ」

「私もいつも井上さんのお父さんと同じく、毎月『KAMINOGE』をちゃんと読むんですけど、145号だけは……」

坂井　そういえば今年の正月も倉敷に帰省したんですか?

——しました。大晦日にさいたまでRIZINを見届けて、元日の朝に新幹線に乗るっていうルーティンをやりましたよ。そうしたらね、実家に『KAMINOGE』のバックナンバーが揃ってるの。

坂井　親御さんが毎月買ってくれてるんだね。

——そう。地元の本屋で。うれしかったけど、親父が「おう、また新しいのが出てたから買ったぞ」と言ってて、一ノ瀬ワタルさんの表紙の号だったかな。で、たぶんね、本当に隅から隅まで読んでるっぽいなっていうのが会話のなかから感じるんですよ。だからこのページで、クルマで瀬戸大橋を渡ってるときに運転席の親父のブラインドを突いて、「オマンコ! オマンコ!」って叫んじゃったっていうあのくだりとかも読んでるんだろうなって（笑）。

坂井　えええ……。

——ちょっと気まずいなと思って。

坂井　すごっ! おもしろっ! たしかにここでそんな話をしゃべったね。井上さんの準パニック障害の話を（笑）。

——それで毎年正月の3日間だけ実家に帰るでしょ。そのときにいつも思うんだけど、「生まれ故郷だけど、やっぱここにずっと住むのはもう無理だよなあ」ってなる。

坂井　それはなんで?

構成：井上崇宏

——いや、わかんなくて。だから、ふとそう思ったときに坂井さんの顔が浮かんで、坂井さんは家業を継ぐために東京から新潟に帰っていったけど、ずっと新潟に住んでるってどういう感じなのかなと思って。

坂井　なるへそ。

——でも私と根本的に違うのは、坂井さんは地元に大人の仲間が多いもんね。

坂井　いやでも、それも最初からじゃないですよ。

——あっ、新潟に戻ってから作ったんだね？

坂井　無理やりですよ、無理やり！

——じゃあ、戻った当初はけっこう落ちてた？

坂井　最初の2年くらいはまったく楽しくなかったですね。

——「なにやってんだ、俺……」ってなりました？

坂井　はい。「いやー、どうしよう。選択を間違ったな……」と思ってた。「帰ってくるべきじゃなかったかな。やっぱ無理だな」って。最初はね。

——やっぱそうだったんだ。最初はね（笑）。

坂井　でも東京にいたときと違って、クルマを手にしたからそれでどっか好きなところに行けるみたいなのでだいぶ救われましたかね。それがなかったらマジでもう生きていけないんで。

——あっ、クルマがないと？

坂井　クルマに乗ってるあいだの時間。それでちょっと救われてたんで。

——例の卑猥なことを言いたい放題の時間ね（笑）。ウチの実家もそうだけど、地方の人ってめっちゃクルマを大事にしますよね。

坂井　しますね。

——それってクルマ自体じゃなくて、クルマに乗ってる時間を大事にしてるってことか。

坂井　私はいまのクルマを買ってからちょうど丸3年なんですよね。それでクルマでの時間に依存しすぎてるから、ディーラーの人に「ちょっと走行距離が3年で5万キロは多すぎますね」って言われて。

——それは多すぎるんだ。それすらようわからんな（笑）。

坂井　「本来だったら5年での買い替えをおすすめしようと思っていたんですけど、ちょっと早めにしないと下取り額がとんでもないことになります。このままだとどんどん下がります」って。

——あっ、そういえば俺は同じのを12年くらい乗ってるけど、いま5万キロくらいだよ（笑）。

坂井　俺はもうそれを3年でいっちゃってるんですよ（笑）。だから依然としてめちゃくちゃクルマでのひとりの時間を大事にしてるんだなーってしみじみとしちゃいましたよ。そんななかですよ！

——何かいいことあった？

坂井　いやー、前号の表紙は会心の作でしたね（笑）。私もいつも井上さんのお父さんと同じく、毎月『KAMINOGE』をちゃんと読むんですけど、145号だけは表紙をうっとりとながめて終わりですよ。

——それで満足した？（笑）。

坂井　もう肝心のプチ鹿島さんたちが何を話してるのかとか全然わかってないから（笑）。「これってなんなんだろうな」って思いながらずっと表紙だけをながめてるんですけど。

——あの馳浩のイラストは坂井さんに描いていただいて。自分の描いた絵が表紙になってうれしいとかではなく？

坂井　ではなく！

——しかし、あの絵が届いたときはマジで爆笑したな（笑）。

坂井　正直、あの表紙を超えるやつを作るのは当分難しいんじゃない？　だって、たとえば今回の表紙は誰なんですか？

KAMINOGE COLUMN

――甲本ヒロトさんです。

坂井　げ――っ！（笑）。そっかそっか。毎年1回、年の頭に『KAMINOGE』読者の人たちは甲本ヒロトさんの言葉を聞いて、井上さん共々チューンナップするわけですもんね。当然、表紙は甲本さんの写真？　イラストじゃなく？

――当然、写真だよ（笑）。

坂井　だよね。いや、前回が俺が書いた馳さんのイラストで〝馳浩 想い出のアルバム〟でしょ。ぶっちゃけ、あれを眺めてるだけで満足しちゃってるというのは、俺はもう言葉を必要としなくなってるのかもしれないなって。PRプランナーの三浦崇宏さんなんかは、この令和の世の中で言語化力というものを殊更に重要視されているじゃないですか。いかに自分が発信していくかっていう。でも俺は前号の表紙を見て「あっ、俺はこっちなのかな」と思って。要するに言語化とは逆の、イメージが重要だと考えてるのかなと思ったのね。

――ターザンも言ってたよ。「今回の表紙は写真じゃなくてイラスト。イメージが広がる」って（笑）。

坂井　アッハッハッハ！　俺と同じことを思ってたのか。だから言葉とか大事だなってずっと思ってたけど、それは違うということを2023年の年末に井上さんから教わった気がしますね。

――いや、坂井さん。一方で私は今月、まったく真逆の解釈をしました。

坂井　それは？

――次の表紙、キャッチは「熱狂は生産的じゃないところに宿りがち。」です。

坂井　おいおい、ちょっと待ってください、それ！

――やっぱりきっちりと言語化すると、意識がパキッとしていいなってこともあるんですよ（笑）。

坂井　違う、違う！　そうじゃない！　俺が引っかかってるのはそこじゃない（笑）。それ、スーパー・ササダンゴ・マシンがいつも言ってるセリフじゃないですか。

――そうですよ。そんなあなたは視覚から何かイメージを訴えかけられる時代が来たと言ってますけど、やっぱ言語化って大事なんですよ。

坂井　アッハッハッハ！

――私はそれをあなたから教わりました（笑）。まあ、どっちも大事なんだけど。

坂井　あれ？　俺、またちょっとよくわからなくなってきたな。それは甲本ヒロトさんの会話のなかでそんな話になっちゃったの？

「いままで『そういうものじゃないの？』って思っていたものが、きっぱりと『ダメに決まってんだろ』と言われる」

――こうおっしゃってました。「生産的であろうとすることはカッコ悪い」と。

坂井　きゃー。もうマジで恥ずかしいですよ、俺は。いつも会社のなかで生産性とか言ってるのが。マジで汗をダラダラかきながら言ってますよ、「生産性を上げろ」って。

――その頃、東京では「ただお祭りがやりたいだけなんだけど」という話をしておりました。

坂井　なるほどー。でもね、カタギの世界ではもうそういうことは言いづらいというかね。生産性の低さが楽しいって言っちゃうとブラック企業とか思われちゃうよ。

――だから企業経営も、企業に勤めることもやめたほうがいいんですよ、人間は（笑）。

坂井　そうですよね。変な話、徹夜できるのはフリーランスか、個人事業主か、経営者だけですもんね。「うおー、徹夜したぜ！」ってもうみんなおおっぴらには言えないんだもんね（笑）。

――だから藤井健太郎さんなんかは「働き

KAMINOGE COLUMN

たい権利も守れよ」とか言いますけど、いまはテレビ局とかも「早く帰れ」でしょ。

坂井　大手の広告代理店なんかも22時になったら照明を落とすらしいからね。

――ただ、ヒロトさんは補足として「お祭りをやるうえで、誰にもわからない自分のなかでのハードルはあるよ」と。

坂井　たしかにそうでしょうな。でも、ちゃんと自分のなかでのハードルのことも言うんだ。

――あの人はやさしいですよ。言葉が丁寧です。「そこは勘違いすんなよ」っていう。

坂井　結局、本気のお祭りが楽しいですもんね。お祭りとか文化祭とか。

――だから企業の論理としては「仕事はそんなに楽しくはないけど、まあサラリーは取りなよ」ってことでしょ。いや、その言い方もブラックか（笑）。

坂井　そうそう（笑）。みんな本当は寝食を忘れて仕事に打ち込みたいんだけど、そうするほどの価値のある仕事なんてそうそう見つけられないし、やれって言われてやる仕事なんかおもしろくはずがないですからね。

――たとえば、プロレスで言うと四天王プロレス時代の全日本プロレスって超ブラック企業じゃないですか。あんな激しい試合を延々とやってて。

坂井　まあね。

――でも、あれは本人たちがやりたくてやってるわけですもんね。

坂井　たぶん、そこでしか得られない快感というか、そう、もしかすると快楽だと思ってたかもしれないよね。あの攻防にお客さんが足で床を踏み鳴らしてさ、その音を聞きながら試合をやってたらアドレナリンが出まくってますよ。もう小橋建太さんなんかは脳内麻薬が出尽くした顔をしていたじゃないですか。一生分の脳内麻薬、何十人分もの脳内麻薬が出尽くしたって顔を。

――また、その顔にシビれるんだよね。見てるだけで。

坂井　最終的に仏みたいな顔になってますもんね。

――やっぱり生産的じゃないというのはいいねえ。

坂井　あー、俺もなんか言いたいことがあったんだよなあ……。まあ、いまって、なんかいろんな常識みたいなものがガラッと変わっていってますよね。

――いま、それを我々は見ていませんか？　時代が変わっている瞬間を。

坂井　本当に。いままで「そういうものじゃないの？」って思っていたものが、きっぱりと「ダメに決まってんだろ」と言われる。

――「そういうものじゃないの？」って、それはもう時代の変わり目にひとりの人間が吐いた最後のセリフだよ（笑）。

坂井　それ、俺、本気で言ってますよ。ネットニュースやSNSを開くたびに。俺のまわりの人とかもけっこういなくなってるんですよ。

――どういうこと？

坂井　ついこのあいだまで一緒に仕事していた人がいなくなったりとか。

――どこに行ったの？

坂井　いや、だから「辞めました」みたいな。お勤めされていた会社からいなくなってるんですよ。俺が「この人、仕事ができるな」って思っていた人たちがことごとく。その理由が「いや、じつはあの人、パワハラで……」みたいな。

――あー、なるほど。パワフルとは受け取ってもらえないんだね。

坂井　それが本当にパワハラだったかどうかもさ……いや、やめとこ。こっから先はクルマのなかでひとりでブツブツ言いますわ。

Nº146 KAMINOGE

次号 KAMINOGE147 は
2024 年 3 月 5 日（火）発売予定!

長州力はなぜ大久保篤志を殺さなかったのか。
長州は当時のことをまったく憶えていないらしい!!

2024 年 2 月 14 日
初版第 1 刷発行

発行人
後尾和男

制作
玄文社

編集
有限会社ペールワンズ
（『KAMINOGE』編集部）
〒 154-0011
東京都世田谷区上馬 1-33-3
KAMIUMA PLACE 106

WRITE AND WRITE
井上崇宏
堀江ガンツ

編集協力
佐藤篤
小松伸太郎
村上陽子

デザイン
高梨仁史

表紙デザイン
井口弘史

カメラマン
タイコウクニヨシ
保高幸子
小松陽祐
工藤悠平

編者
KAMINOGE 編集部

発行所
玄文社
［本社］
〒 107-0052
東京都港区高輪 4-8-11-306
［事業所］
東京都新宿区水道町 2-15
新灯ビル
TEL:03-5206-4010
FAX:03-5206-4011

印刷・製本
新灯印刷株式会社

本文用紙：OK アドニスラフ　W A/T 46.5kg